越跑越懂得

亞洲第一極地超馬選手陳彥博
想告訴你的事

陳彥博——著

獻給一路上支持我的家人、好友、潘教練，

以及正在閱讀這本書的你。

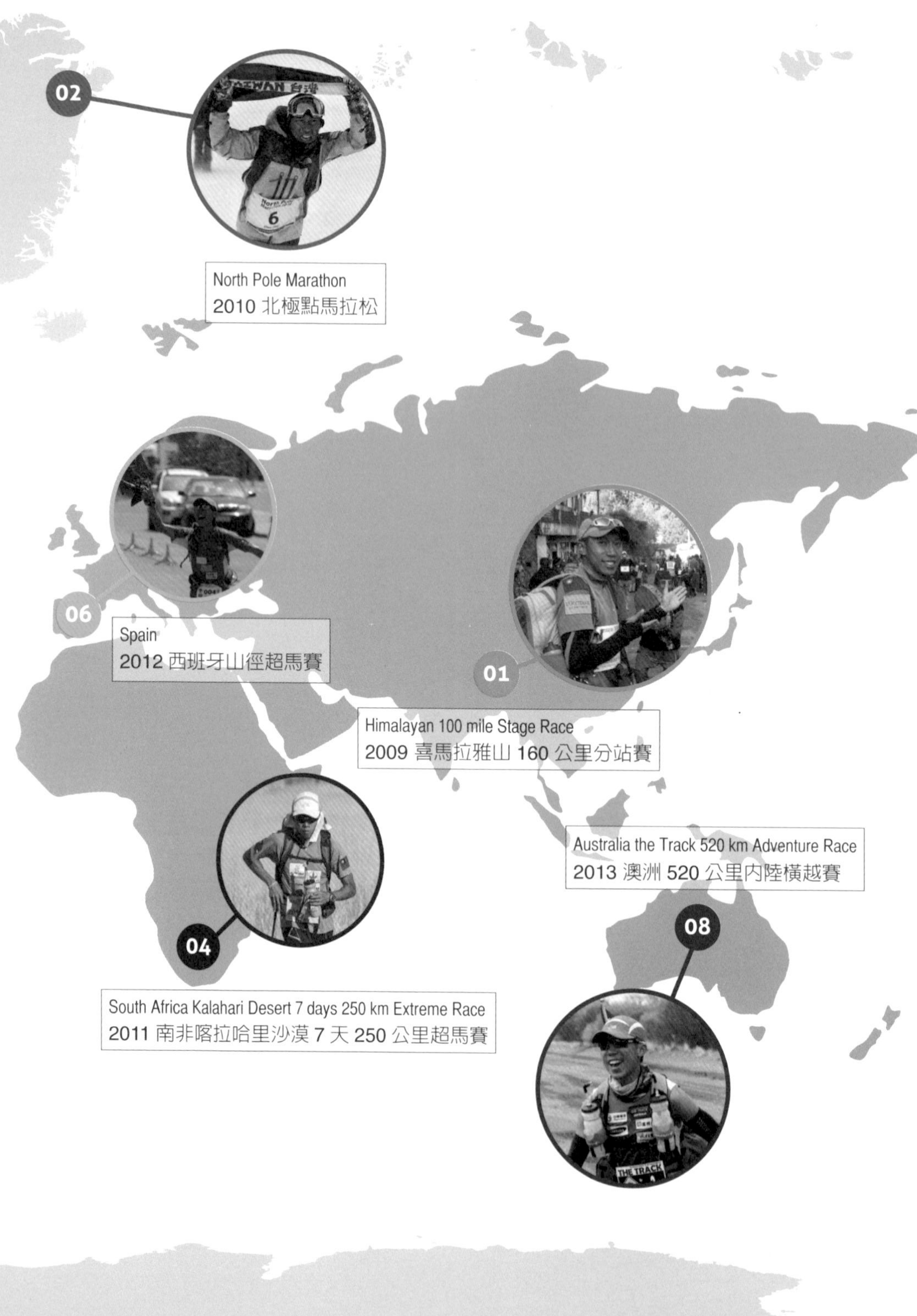
02
North Pole Marathon
2010 北極點馬拉松
06
Spain
2012 西班牙山徑超馬賽
01
Himalayan 100 mile Stage Race
2009 喜馬拉雅山 160 公里分站賽
Australia the Track 520 km Adventure Race
2013 澳洲 520 公里內陸橫越賽
08
04
South Africa Kalahari Desert 7 days 250 km Extreme Race
2011 南非喀拉哈里沙漠 7 天 250 公里超馬賽

陳彥博用 5 年的時間，完成世界七大洲、八大站超級馬拉松賽事計畫，並於 2013 年完成挑戰。即將前進 2016 年全球四大極地超馬總冠軍賽。

世界七大洲八大站超級馬拉松

第六站　西班牙洛哈230公里山徑超馬賽

世界七大洲八大站超級馬拉松

第七站 加拿大育空700公里極地橫越賽

世界七大洲八大站超級馬拉松

最終站

澳洲520公里內陸超馬賽

自序

溫暖的記憶

「嗄吱」「嗄吱」「嗄吱」「嗄吱」「嗄吱」「嗄吱」「嗄吱」「嗄吱」「嗄吱」
「嗄吱」「嗄吱」「嗄吱」「嗄吱」「嗄吱」「嗄吱」「嗄吱」「嗄吱」「嗄吱」
「嗄吱」「嗄吱」「嗄吱」「嗄吱」「嗄吱」「嗄吱」……

連續幾天，耳邊不斷傳來雪杖與跑鞋摩擦雪地的聲音，我已經累得噁心想吐。

凌晨三點半，四周一片漆黑，我一個人跑在黑暗的冰河上，僅能用頭燈微弱的光線確認方向前進。踩在搖搖欲墜的冰層，彷彿隨時都有崩塌的可能……

暴風雪無情地吹打，極度疲憊的身軀已經開始搖搖晃晃，我的眼睫毛結冰，全都黏在一起，要手指用力拉開眼皮才能讓眼睛張開。

「嗄吱」「嗄吱」「嗄吱」「嗄吱」「嗄吱」「嗄吱」「嗄吱」「嗄吱」「嗄吱」
「嗄吱」「嗄吱」「嗄吱」「嗄吱」「嗄吱」「嗄吱」「嗄吱」「嗄吱」「嗄吱」
「嗄吱」「嗄吱」「嗄吱」「嗄吱」「嗄吱」「嗄吱」……

五十二個鐘頭沒睡覺，思考與知覺變得相當遲鈍，開始暈頭轉向。風雪從正前方不斷吹襲著我，越晚氣溫降得越快、越淒涼、越寒凍，攝氏零下五十六度凍得我快失去意識，手指與腳趾痛得像火燒，四肢漸漸麻痺，喉嚨乾得發痛，不時劇烈咳嗽而吐出長長霧氣，在羽絨外套上結成一塊塊冰。

極度強烈的疲倦感，讓我幾乎闔上雙眼，彷彿意志力稍微再薄弱幾分就會倒下。我從來沒有這麼虛弱過……

「噗嘔歐歐歐……」走沒幾步，晚餐吃的乾糧牛肉乾與堅果從口中嘔了出來，混雜著剛喝下去的巧克力。

這是我第一次在比賽中嘔吐，無法忍受的強烈噁心與疲憊感襲來，也似乎沒有體力能夠繼續撐下去。已經第幾天……沒有看到人了呢……？我也不清楚，好想家……期待與準備這場賽事許久，但此刻除了寒冷、飢餓和疲倦，再也沒有其他感受，沒有任何思緒，血糖急降、頭暈目眩站不穩，只意識到自己機械性地不斷向前走。

距離終點，至少還要好幾天才會到達……我好想睡覺，現在就想躺下來，立刻閉上眼睛躲進睡袋裡，但爲了繼續趕路，我不能停下來。

極度煎熬……黑夜、飢餓、寒冷、噁心……這痛苦……不知何時才能結束……就像是地獄……

生涯最艱鉅的賽事

二〇一三年二月十日，我正在世界七大洲八大站超級馬拉松賽的第七站：加拿大育空七〇〇公里極地橫越賽的路上，這是世界上最艱難的極地超級馬拉松賽事。

幾天下來，看不到任何選手，沒有任何遮蔽，任憑風雪吹打著身體，限時十三天完成的賽事，我平均一天最少要完成七十至一〇〇公里，才不會被迫棄權。

賽事開始後我吃得不多，體力快要用盡，衣服也結冰了，「馬……的，好冷……我到底……在這裡……幹嘛……到底在幹嘛？」咬牙發抖繼續苦撐數小時之後，風勢逐漸轉弱，黑暗的天空終於起了變化，慢慢轉成深藍色，接著，太陽緩緩升起，我又撐過了一個晚上。

積雪深及小腿，我拖著近四十公斤的裝備雪橇爬向山頂，身體像鉛塊一樣重，幾天下來背部、臀部、大腿、小腿的肌肉嚴重發炎、腫脹，痛到快撕裂，甚至能感受到每一條、每一絲肌肉在顫抖。

我再吞了一顆四百毫克的止痛藥，胃依舊痛到抽搐，一路罵聲連連，甚至懷疑自己到底能不能完成比賽。五小時後，我繼續低頭爬著，避免看見前方的坡度，直到天色漸明，風勢再度轉強，這才發現自己已經來到了山頂。

我脫下裝備托盤，喝了一杯熱巧克力，環顧四周，感受到一片荒蕪、寂靜，彷彿世上只剩下我與極境的荒野，沒有任何事物。

遠方雲層竄出陽光四射，切開了黑夜，從我前方的育空河慢慢劃開大地，攀上雪山，最後灑落在我身上。

我佇立在原地，閉上眼去感受這純淨的力量，輕聲對大地說：「早安。」

二十七歲的我，從小就夢想有一天能前進世界挑戰極限，十多年來，這股雄心仍舊旺盛地燃燒著。

二十二歲開始，極地超級馬拉松成爲我生活的重心，其他的事我已不放在心上，所嚮往的、投入的、全神貫注的都是它。跑在雪地、沙漠、高山，把自己逼向眞實的極限，身處於永恆的大自然，以孤注一擲的決心跑向終點。

在我生命中，唯獨極地超級馬拉松有著不可或缺的嚴肅性，推翻我平凡無奇的生活，帶給我廣闊的視野與歸屬感，讓我不受社會腐化。

我相信，心沒有放棄，身體就會跟隨。

如果你有夢，就要努力去實現。

高緯度的育空，日照時間相當短，七小時後，令人恐懼的夜晚再度降臨。往樹林方向的小徑上出現動物的腳印，我用頭燈探照觀察，是狼的蹼，牠們有相當好的夜視能力，善於追蹤獵物，緯度越高，狼的體型也越大。一般來說，狼的體長約一〇五到一六〇公分，北美狼重約七〇公斤，奔跑的時速爲五〇到六〇公里，對跑者是極大的威脅。

我低頭看地圖，如果沒錯，接下來六〇公里的賽道將沿著育空冰河前進，這是最危險的路段之一。今年氣候不穩定，有些冰層裂開或溢出水來，隨時可能崩塌。出發前，主辦單位在求生課程中特別叮嚀所有選手要謹慎通過。

我繼續前進數小時後，腳底傳來的聲音變了，出現了防水跑鞋底部摩擦時產生的吱吱聲，我知道自己抵達冰層河面的路段了。

冰面崎嶇不平，積雪掩蓋住光滑的冰層，難以目測哪些是危險的地段。我走上前，拿起雪杖慢慢敲打探測，「叩、叩」，如果聲音清脆或產生回音，就得另外找路繞過這區域，還必須注意方位以防迷路。

幾天下來我已經瘦了八公斤，加上缺乏睡眠疲憊不堪，沒有體力應付更多的複雜地形，所以我前進得相當緩慢。「喀、喀」，雪杖敲打出不同的聲音，腳底下就是冰河！我心跳加速，感覺冰河就在我腳下流過，恐懼從腳底傳遍全身，我繼續慢慢往前走，「喀……喀……」，冰層開始不時傳出聲響，我吞了吞口水，冒著冷汗，發著抖前進。

「砰！」一聲劇烈聲響，腳下冰層無預警崩裂，我失去平衡快速向下墜，「嘩！」下半身瞬間掉進冰河裡。我又驚又怕地瞪大眼睛開始大罵：「混蛋！混蛋！」我掙扎著想爬上冰層，但越爬冰層越是應聲崩裂，我被淋了滿身冰水，體溫也快速降低。好不容易爬上冰層，褲子已經濕透，四肢凍得僵硬，不斷發抖，我知道自己正逐漸失溫，再不想辦法接下來會很危險。我同時也恐懼地觀察四周，只見地面依然有動物腳印，擔心有狼躲在一旁伺機而動，把我當成唾手可得的獵物。

於是趕緊衝進樹林裡生火，害怕得發抖。我抱著膝蓋，眼前燃燒的火堆發出劈啪聲響，食物袋剩下幾塊牛肉乾與堅果，看來只能再撐一天，但也不知道檢查站還距離我多遠。

我飢餓地拿起剛鋸下用來生火的樹枝，用瑞士刀削下一點樹皮放進嘴裡咀嚼，纖維的味道促使唾液分泌，反而更加飢餓。我把樹皮吐在雪地上，渴望再回到溫暖的環境，也想趕快完成這場漫長又痛苦的賽事……放棄的念頭慢慢浮現腦海……再多撐一天也無法了……

每當回想起這幾年的超馬生涯，我總想起七大洲八大站的第七站：育空七〇〇公里極地橫越賽。

對我而言，極地超級馬拉松最有益的一面在於強調自立。人在遇到極大的壓力與考驗時，會做出重要的改變，你必須在緊要關頭獨自做出決定，處理後果，對自己負責。

這本書是回顧我七大洲八大站的第六、七、八站超馬賽事，每次想起這三場賽事都覺得驚訝，自己竟然能在「Never say Never」的堅持下跑到今天。寫作的過程也是如此。我在最忙碌的訓練與比賽時間表中擠出空隙趕稿，經過二十個月終於完成。

回顧過去三場比賽，很感謝讀者等待了近兩年的時間，讓我能在許許多多比賽與訓練的空檔中寫完這本書。有人會問我，爲什麼完賽這麼久直到現在才出版？對我來說，生命排序中最優先的是訓練與比賽，但寫作也是一種自我挑戰，我希望能親手執筆每一本書來回顧賽事，所以遲至此時才完稿並出版。深深感謝各位的等待，以及這三場賽事的贊助廠商兆赫電子、富邦金控、台灣三星、星裕國際 The North Face 的全力支援。

展望未來，彥博挑戰的地域更寬廣、難度更高，感謝二〇一四年開始支持彥博挑戰極地的贊助商：世界華人保險慈善公益推廣會、安麗日用品股份有限公司、Acer 宏碁股份有限公司、星裕國際股份有限公司 The North Face、Oakley。感謝大家對彥博點點滴滴的心意，以及許多朋友的支持。彥博都感受到了，謝謝大家。

陳彥博

二〇一五年十一月於臺北

仰望天際，雲端悠遊
雲如海象，潮起潮又落
望盡遠山，翠峰處處，急雨風高
聽見遠方，風在山巔輕嘆，落葉忽又落於塵，如人生無常
崎嶇路途，雲霧間乍現絲絲光芒
揮不去落日情意，哀愁與離別亂緒
暗夜掩飾我悲痛心事
盼夢境捎來菩提大智慧
嘆道，
一生幾人能參透？

二〇一四年五月二十日　詩作於澳洲烏魯魯

想要放棄的時候，想想當初是什麼讓你堅持到這裡。

Just when you are about to give up, try to recall what kept you going this far.

總里程

230 公里

天數

5 天

平均氣溫	負重
11~44°C	5 公斤

世界七大洲八大站超級馬拉松

第六站

2012 Al Andalus Ultimate Trail

西班牙洛哈 230 公里山徑超馬賽

01 誘惑當前，有所覺悟

來到西班牙，越往南移動，越能感受地中海型氣候的燥熱。從格拉那達（Granada）出發，坐三個半小時大巴士抵達洛哈，萬里無雲的乾燥氣候與烈日籠罩，連旅館房間的窗簾也特別厚重，可見這裡的陽光有多毒辣，這是西班牙洛哈二三〇公里五日山徑超馬分站賽的挑戰地。

來自二十個國家的五十一位選手陸續抵達，大家聽到我來自台灣，先是感到訝異，再聽到我曾擔任倫敦奧運火炬手，更是發出：「哇喔喔喔喔～眞的假的！」的讚嘆聲。看見大家的激烈反應，我有點害羞，當我透露那支火炬就在我的行李箱時，大家又是一波更激烈的：「哇喔喔喔喔喔喔喔喔喔喔喔喔喔喔喔喔喔！你騙我吧！」如此爆笑、高潮迭起的自我介紹還是頭一遭，一向低調的我突然被眾人拱來拱去，讓我有點害怕會被其他選手視爲眼中釘。

比賽前兩晚就寢時，房外竟然傳來卡拉ＯＫ的聲音，原來是不遠處有新人結婚，開派對到半夜，還狂飆高音唱到凌晨三點。雖然很替新人開心，但對賽前需要充分休息的選手來說，實在是場災難。

臥虎藏龍，我與爭鋒

比賽前一天開始了相關簡報。大家都非泛泛之輩，陣容裡不僅有日本富士山山徑越野賽第三名的德日混血選手 Timo、希臘職業超馬選手 Argyrios，更有熟悉地形的西班牙地主選手 Victor，可說是臥虎又藏龍。不過，能與各國好手較勁，我其實不太緊張，反而有點興奮，身體湧現一股「我也要變強」的力量。

有比較才會有競爭，才會進步。當你遇見更強的選手，或看到實力和你在伯仲之間的人獲得佳績時，你會是什麼樣的心態？數落批評？還是決定「我也要變強」？心態，決定你

肥沃的黏土地和乾燥炎熱的地中海型氣候，是這次賽事地點洛哈的一大特色。

賽前大快朵頤地中海美食。

的行動與發展。

這次的二三〇公里五天分站賽，分爲三十九公里、四十八公里、三十九公里、六十七公里、三十七公里，名次採單日計時，由累積總時間最少者爲第一名。賽道中逾九成都是山徑越野，高度起伏上升、下降落差達七千兩百公尺，比賽期間的氣溫在攝氏三十九度至四十五度之間，最高溫曾達四十九度。我秘密盤算著一個計畫，尋找一位能和我互相 cover（掩護、幫助）的戰友，以防比賽產生拉鋸戰，有人可以互相照應。這名戰友並不像 soulmate（靈魂伴侶）難找，但要從中找到一個値得信任的人也不容易，更何況彼此間有競爭關係。

兩天來，我在五十幾個選手中尋尋覓覓，終於，我的交友雷達幫我搜尋到一個關鍵：中文字，而且是出現在一位留著鬍鬚的男選手衣服上的「福」字。一看到中文字，我的思鄉、喜悅之情溢於言表！我馬上跑過去和他聊天，才知道這位希臘選手 Argyrios 的太太是馬來西亞人，所以懂得一些中文。他們相當友善，我們也越聊越投緣，漸漸熟稔起來，好像有了一些默契，嘿嘿！

比賽前一天晚上十點，我整理好裝備準備就寢時，那對新人的卡拉 OK 秀再度熱情開唱，明顯唱到沙啞了還在拚嗓，高音抖音專業，果然是金嗓眞英雄。還好我早已準備好耳塞，才獲得了片刻的安寧。

誘惑前的覺悟

清晨，窗外傳來了咚咚作響的鼓聲，還夾雜著警車的鳴笛聲，吵雜的廣播中是我聽不懂的西班牙話，比賽的氣氛越來越濃厚。太陽升起後，氣溫瞬間飆高到四十二度，眾選手聚精會神站在起跑線上準備。

令我緊張的事情發生了，裁判開始用西班牙語倒數計時，歐買尬！拜託！我聽不懂西班牙話啦！怎麼知道裁判數到幾了？到底該什麼時候開跑？我會不會很糗的「偷跑」被取消資格？大大不妙！各國選手你看我、我看你，我緊張地瞄向身旁的德日混血選手 Timo，他也用同樣困惑的眼神看著我說：「你聽得懂嗎？」我搖搖頭，兩人會心一笑。就在這個瞬間，「砰」一聲，鳴槍起跑了，管他聽不聽得懂西班牙語，跑就對了！

裁判以西班牙語倒數，聽不懂的各國選手面面相覷，一聽槍響紛紛帶著笑意起跑。

早上九點四十五分槍響，身旁選手一一呼嘯而過。我被包圍在十三人第一集團隊伍的正中央，試圖繞到外圍，卻找不到辦法。

賽事路線首先經過約一公里長的柏油路，接

著馬上進入充滿碎石與泥土的山徑，原本擠成一團的隊形迅速變成兩排，因爲碎石路會打滑，別人踩過的路相對較穩。大家快速挑選自己想要踩的點前進，我邊跑邊檢視身體狀態：呼吸OK、頻率OK、裝備OK，沒有任何不適。好，保持沉穩應戰。

跑過幾座山腰之後，那位在起跑線上與我會心一笑的德日混血選手，以及親切的希臘選手搶先發出第一波攻勢衝出選手群，逐漸把距離和其他選手拉開。儘管我也很想加速向前，但這只是賽程的第一天，我告訴自己不要心急，先用七、八成實力就好，把體力留給第四天的Long day。

跑在碎石與泥土的山徑令人心浮氣躁，我保持一定的頻率跑，把實力留給第四天的Long day。

我照著自己的步調跑不受影響，前後集團也開始彼此拉鋸，我看準時機，抓準自己的速度，即使遇到陡峭的上坡還是用相同的節奏跑。就這樣我的名次慢慢往前提升，一路追到了第四名。

前方不遠處發現了西班牙選手Victor的身影，他有上一屆比賽的參賽經驗，所以熟知地形，我跟著他一路拉鋸，他總是在上坡時被我追上，然後在下坡時又超越我，這種狀態讓我有點焦躁。

抵達第一個檢查站時，大會告知我離第一名只有三十秒。接下來我不停追趕，希望不要落後太多，無奈第一天賽程結束時，我是第四名。抵達終點後，幾乎每隔幾分鐘就有一些選手回來，大家抵達終點的時間差都很小，可想而知，接下來幾天賽事競爭勢必相當激烈。

撿肥皂糗事

大會相當「貼心」，在終點處為選手們準備了冰水泡腳消暑，在四十幾度高溫下跑了好幾個小時的選手，自然會想要立刻衝過去享受這一切。但是我知道必須抗拒誘惑，這只是第一天賽程的結束，現在的一舉一動，都關係著接下來賽事的表現：如果現在不去做伸展，明天肌肉可能就會非常痠痛，如果今天不去洗衣服，明天可能就只能穿著髒衣服無法舒服地比賽。如果明天的賽程因此發生了什麼狀況，那也不能抱怨什麼，因為這一切都是自己造成的。

大會貼心準備的冰水泡腳，對賽後的選手們來說是一大誘惑。

在這種比賽中，不會有人告訴你現在該怎麼做，一切的決定都在於你自己，誘惑就在那裡，一點小小的誘惑就能決定接下來幾天的表現。後面還有硬仗要跑，我心想不能鬆懈，趕緊跑去一旁的大樹下做起伸展，鬆弛肌肉。

短暫休息後，大家一窩蜂搶沖澡間，國際選手很有紳士風度，大家一定都是Lady first，女性選手優先使用。不過這裡的沖澡設施很簡陋，只有一間浴室，在外頭等候的男性選手都聽得到沖澡的女性選手聊天的聲音。但可別以爲我們聽到了什麼香豔的話題，只聽到她們吱吱喳喳話匣子打開了停不下來，還傳出哈哈大笑的聲音，似乎完全忘記外面還有一群「臭」男人在等待。

終於有選手受不了，大喊：「Hey, ladies.」才輪到我們進去沖澡。進去之後，我和幾位男性選手全部擠在一起，大家脫光光面對面，外國選手人高馬大，全身肌肉發達結實，有些身上還有刺青，看起來帥氣十足。我看看自己，果然是裡面最小隻的，像個小孩子，讓我在這場裸浴中洗得有點害羞，只想趕快洗完出去。

一打開水，哎喲喂呀，怎麼是冰的？原來這些水都是從山上接過來的山泉水，冷得可以。接著，恐怖的事情發生了，我在洗衣服的時候，手中的肥皀沒拿好，就這樣咻咻咻滾滾滾滑出去了……歐買尬我現在該怎麼撿起那塊肥皀啊！「跟一群男生洗澡時嚴禁撿肥皀」的事，相信大家都聽過，現在就「活生生」發生在我身上，我我我我我……囧爆啦！這時大家突然停止動作看著肥皀，再看著我，德國選手瞪大眼突然說：「Tommy……你認眞的嗎？」接著大家哄然大笑，我紅著臉硬著頭皮慢慢地蹲下，再將肥皀撿起來，一切宛如慢動作播放般漫長。好險我多心了，老天保佑什麼事都沒發生，不然，這故事我該如何寫下去啊！

有一句話是這樣說的：「事情的發展永遠與自己想像的不一樣。」入睡前，我向自己承諾要再往前追名次，我要盡可能讓身體保持在良好的狀態。

抗拒誘惑，是選手在一場漫長賽事中最嚴峻的習題。

02 計畫趕不上變化，冷靜以對

第二天四十二公里的山徑爬坡路段相當艱困，而且氣溫攀升到四十五度，有三位選手因而退賽，一位選手吊點滴，不少選手難以抵抗無情的高溫，紛紛倒了下來。而我，雖然沒有退賽，卻得了腸胃炎。

起跑後我就備感壓力，只見腳程快的領先集團快速衝出去，我見狀也以同樣速度跟上，但他們的速度快到我的腳快要抽筋，這完全打亂了我的計畫。前一天晚上，我還將裝備調整到最輕，以減輕身體的負擔來加速。然而今天在賽程中，遲遲找不到適合發動攻勢的時機，這感覺眞是糟透了！

每一位選手都會看前方選手和自己的距離，再來決定是否要發動攻勢，以進行拉鋸戰。這是一種很大膽的跑法，必須視當時的賽道、體力、心理狀態來決定該不該發動。如果是在山徑中，又在後方選手的視線範圍內，會被觀察跑過的地形、路況，這樣反而會大大吃虧。因此如果要發動攻勢甩掉後方選手，就一定要拉開距離直到他看不見你，不然會耗費更多體力，還可能被追上。

痛楚中的拉鋸戰

我與領先集團的六位選手不停上演拉鋸戰，他們的肌耐力非常好，上坡時的速度都很快，只要遇到平地、山徑、溪流，以及短暫的上下坡驟降，我都能用非常快的速度縮短與他們的差距，甚至將距離拉得更遠，但是一到上坡，我又馬上被追過。在這樣激烈的競爭下，幾乎每個人都只願意花十秒鐘在檢查站補給水分後就再度出發。

終點已經不遠，但得先繞過一座很高的山頭，再經過一條河流後才會看見。在這之前，我的狀態一直都很好，但當抵達約三〇公里處時，胃突然開始絞痛，我深怕是宿疾胃潰瘍發作，隨即重新調整呼吸，但一股絞痛感隱隱還在。我用手壓著腹部，告訴自己必須忍住，並祈禱情況不要惡化。

忍了兩公里，來到河流的下坡路段，我盤算著要從這裡開始加速，但是胃卻越來越痛，甚至轉成劇痛。經過一個大樹叢後，只見德日選手與希臘選手跑在前方，我和法國、義大利、西班牙

次日起，45°C高溫使不少選手陸續倒下，吊點滴急救

選手跟在後頭，我距離他們只有一小段。

突然，樹叢中跑出一個白色的物體，快速地穿過我們。前方的選手轉身朝我們大喊：「Hey, did you see that? The white porcupine?（嘿！你們有看到嗎？剛剛那個應該是白豪豬？）」接著其他選手陸續隔空回應：「Yeah, yes! We saw!（有！有！我們有看到！）」我當時痛得沒聽清楚大家在說什麼，於是也忍著痛大聲回應：「What? You say that is a monkey?（什麼？你說剛剛那個是猴子嗎？）」沒想到此話一出，前面隔空傳來一陣哈哈哈的笑聲，被大家取笑了，好糗！

再跑了一段，胃的痛楚擴散開來肆虐我的身體，我發現自己開始抽筋，只要呼吸力道稍重，就會感覺胃像是被揉成一團般難受。

再也撐不下去了，我開始減速，漸漸地，其他選手已經離我遠去，看不見身影。我撐著膝蓋，停下來喘氣，趕緊從裝備中拿出抗痙攣、脹氣的藥，一股腦吞了下去。接著我蹲在路邊，身體冒起了冷汗，身體難受到想要縮在一起。

原本狀況還不錯的我，第一天卻得了腸胃炎。

這是我頭一次在比賽中因胃痛而停下來，眼看時間一分一秒過去，被拉開的距離越來越遠，我心想：「完了！追不回來了……輸定了……」好不甘心，明明這次狀況不錯，為什麼胃痛來攪局！原本有信心拿到前三名，此時此刻，只感覺到自信正在瓦解，力量瞬間崩塌。

疼痛又全身無力地停留了十分鐘後，我望向後方，沒有選手追上來，於是我決定至少要保住目前的名次。我鼓勵自己慢慢小跑步，試著維持一定的速度，逼自己把最後的十公里跑完。

好不容易抵達終點，領先集團的選手紛紛過來關心，令我感到心情複雜。每天起床、比賽時，大家並不會說什麼話，對彼此的敵意也很明顯，但一當比賽結束，大家又卸下心防，變成朋友，這種感覺眞的很微妙，大家究竟是對手？敵人？還是朋友？或是短暫的做個表面工夫來維持表象的和平？

這一天我又未能擠進前三，與第一名大約有二十分鐘的差距。我告訴自己還是有機會，過往的比賽輸了半小時到一小時我都能追回來，這二十分鐘又算得了什麼呢？還有三天，我把希望投注在第四天七十二公里的 Long Day 賽程，這是追回時間的大好機會。

雖然名次落後，慶幸的是我和希臘選手的感情越來越好，睡前我們都會把帳篷面對面放在一起聊天。我們這幾個領先集團的選手實力相當，不只是比賽時競爭激烈，連賽後的七嘴八舌也暗藏玄機。

例如說，跑完大家都會問候彼此的腳狀況如何？會不會很痠？此時就會聽到兩種回答，一種是：「一點都不痠，還好！」另一種則是：「痠死了，我的腳像石頭一樣硬！」但是通常第二種人隔天都會跑得飛快，讓人傻眼。這讓我想到以往學校考試前，同學也都會互相問有沒有念書？通常回答「我沒念，怎麼辦，我完了！」的那種人，一定都會考高分！沒想到超馬賽場也是一樣，有趣吧！這種暗中較勁的氣氛，讓我每天都很期待隔天會發生什麼事。

競賽中，選手們亦敵亦友，會互相關心打氣，卻又彼此暗中較勁。
（左起：Argyrios、Timo、Victor、陳彥博、主辦單位人員）

03 逆勢而行，扳回一城

一般而言，為了準備第四天的 Long Day，通常第三天大家會把速度放慢以儲備體力，但是在落後的情況下，我打算逆勢操作，利用這天領先拉開其他選手。

一早我就下定決心這麼做，但當我走向起跑線時又開始猶豫了。我還沒有說服自己，如果今天全力追趕，第四天的 Long Day 會不會「死得很慘？」沒體力跑完？直到起跑前我都還舉棋不定，直到準備鳴槍，進入備戰的氣氛後我才下定決心。

多日賽就是這樣，想法、情緒、專注力、態度都會不停改變。起跑後大家表現出來的樣子就是今天要一起緩跑，把速度放慢，但是我內心實在按捺不住。抵達第一個檢查站後，我抓住了一個空檔，就像脫韁的野馬一樣往前衝，速度快得嚇壞所有人，大家見狀竟也全部衝上來，所有的人瞬間分散，開始想要追上我。我突然感覺這群選手真的不能接受挑釁，因為後果實在太可怕了。

希臘選手率先追了上來，我們兩個在山徑中不斷加速展開追逐，互相領頭，直到目前保持第一名的日本選手 Timo 追上來之後，我們三人就變成了一個小群體，只要有能加速的地方就會一起全力加速，如果有人速度慢下來，就會稍微放慢速度等對方跟上。

到了第二個檢查站，我們回頭一看，已經把義大利、西班牙、日本選手遠遠甩在後頭了。我和希臘選手見狀，不約而同地伸出手來擊掌，兩個人就這樣莫名其妙地成為了隊友，但是，這個動作卻好死不死地被日本選手 Timo 看到。這下可好，我知道這個動作一定會讓他認爲我們要聯手甩開其他選手，或是有什麼秘密計畫。只見 Timo 開始對我們緊咬不放，窮追不捨。我和希臘選手只好把速度加到更快，無論如何一定要取得今天的領先位置，才不會白白耗費體力，讓今天的策略徹底失敗。

很快又要進入另一個下坡，我再度盤算著發動第二次攻勢，心想，就剩一次機會，一定要趁今天把距離拉開，否則後天一定會追得非常辛苦。

友誼初體驗

比賽進行到第三天，所有選手對彼此的跑法都已經相當熟悉。日本選手的專長是上坡、陡坡與山徑，他曾拿下日本富士山國際賽的第三名成績；希臘選手則是對上下緩坡、山徑十分在行，曾經是 The North Face 簽約選手；西班牙選手則有上一次比賽的經驗，相當熟悉所有地形。而我呢，我最大的優勢就是「年少輕狂」，能怎麼拚就怎麼拚，只要遇到下坡與平路我都是最快的。

來到一個下坡，日本選手果然追上來了，他在下坡的速度眞的很快，馬上就超越了我們。我和希臘選手對看了一眼，做出「盯住他」的手勢。但追上去沒多久，希臘選手的速度開始慢下來，甚至離我越來越遠，看來已經到達今天的極限。

剩下我和 Timo 的競爭，他會突然做出短暫的衝刺把我拉開，但又會慢慢被我追上；等我全力衝刺之後，他又會尾隨在我後面，保持一定的速度，再出其不意把我逮到。這樣瘋狂的拉鋸幾乎要把我逼入極限，我從來沒有用過這種速度跑超馬，這根本是跑馬拉松兩小時三十分用的配速，大腿開始出現一種撕裂的疼痛感。

跑到山谷底，Timo 突然轉過來對我說：「We lost.（我們迷路了。）」我驚慌地想，怎麼可能，馬上回頭跑到上一個標記點的地方開始觀察，很快地找到下個標記是往左側的下坡，原來 Timo 完全跑錯了方向，浪費了不少時間。我氣憤地一股腦往下衝，把 Timo 抛在身後。

我一心只想拿到當日的單站冠軍。沒想到最後幾百公尺處，Timo 又難纏地追上來，真的是甩也甩不開，但是他看起來有些沒力，相較之下我的狀況還是很好。我轉身問他：「You go?」並表達了自己想要全力衝刺到終點的意願。Timo 回答：「不，我們一起跑回終點吧！」在終點前五十公尺處，我伸出手，邀請他攜手抵達終點，獲得了大家的掌聲。

到了終點我才知道，我們實在拚得太兇，甚至創下這個比賽單日最快的單站歷史紀錄。每個人抵達終點後看到我都馬上大喊：「This boy is crazy!」（這個男孩瘋了！）大家不敢相信前一天還病懨懨的我，今天居然突破重圍，還一馬當先抵達終點。希臘選手不停追問與

在大家一致緩跑的第三天賽程，我則全力發動攻勢。

我同行的攝影世軒：「你是不是給他吃了什麼藥？」沒想到世軒的回答更妙：「中草藥。」

這一天的賽程結束，我終於恢復了自信，向自己證明，也讓大家看見了自己該有的實力。雖然我害大家累得半死，但是每個人都過來鼓勵我，肯定我的表現。

我在晚上入睡前，忍不住一直回想今天衝回終點站的時刻，如果我沒有慢下來等 Timo，而是拿出所有實力衝回去，自己獨得單站第一，算不算自私？

從第一天跑到現在，我的狀況調整得越來越好，實力也慢慢變強。與領先集團縮小差距的同時，卻也必須要面對一些情感上的糾葛：我和其他選手正在競賽，但我們感覺上逐漸從競爭對手變成夥伴關係，這是一種必須共同經歷許多事的牽絆，是難得而又珍貴的情誼。

我和 Timo 一起抵達第三天的終點，並列冠軍，獲得大家的掌聲。

04 距離，不是唯一的問題

第四天的七十六公里 Long Day，鳴槍起跑後，西班牙和希臘選手簡直是用飛的，在短短的三十秒內就消失在眾選手眼前，速度快得誇張！我與 Timo 變成第二集團，彼此內心都有默契，今天路程很長，就一路慢慢追，在最後三〇公里處再一口氣追上去。

我們一路配速，每十公里經過檢查站時就問大會的工作人員，我們距離領先第一的那兩位選手多遠？不管怎麼問大家的回答都一樣：五分鐘。於是我們從白天跑到日落，跑完五〇公里，不管怎麼追、怎麼問，答案都一直停留在：五分鐘。五分鐘聽起來很短暫，追起來怎麼卻如此漫長？那種感覺就像是，我不能再慢了，但也不能再快了。一切都在苦撐，要撐到前方出一個差錯，或是等自己的狀況變得更好，才有機會追上去。

我一直在等，等待某種時機。而且我有預感，在最後二〇公里處一定會出現一個見眞章的機會。我抱持著這樣的信念，和 Timo 並肩前進。在今天的賽程中，我們無意間成了隊友，不僅會幫對方拿水，也會在對方落後時以大拇指鼓勵。

剩下二〇公里，該死！胃竟然又痛了起來！我內心很慌張，但不敢表現出來，更不敢讓 Timo 知道。原以爲隱藏得很好，沒想到 Timo 突然轉過來，神色緊張地看著我，開口問：「Tommy, you need a doctor?」（湯米，你需要醫生嗎？）我覺得很奇怪，所以回問他發生了什麼事？Timo 指指我的身體說：「You are bleeding.（你正在流血。）」天啊！怎麼可能！

我和 Timo 成了第四天的隊友，一路上相互打氣

我緊張的檢查身體，果眞發現身上有一大塊污漬。我摸摸那個地方，原來是巧克力口味的營養棒因炎熱而融化得全身都是，Timo 和我瞬間都鬆了一口氣，開始哈哈大笑起來。

但我的胃越來越痛，雖然還勉強跟得上 Timo 的速度，卻無法擺脫胃痛的難受。太不甘心了，明明今天的狀態這麼好，爲什麼胃痛要來煩我！

終於來到剩下最後十五公里的檢查站，此時，我們聽到了一個不一樣的答案：兩分鐘！大會的人還附加提醒了一句：他們的速度已經變慢了。我的機會來了！心中燃起一線生機，但胃似乎更痛了。同行的 Timo 不斷鼓勵我，一起跑了五個多小時，他也很希望和我一起跑回終點。

終於，來到一條長長的碎石路，

我們看到了那兩位領先的選手可以開始急起直追了！只要超過他們，排名就能夠追回來了。我的內心天人交戰，看著那兩位選手就在我的攻擊範圍內，但胃痛卻讓我的速度越來越慢。

Timo 叫我一定要撐下去，並告訴我，一定可以拿到今天的前兩名。但我真的痛到撐不下去，停了下來，信心也頓時瓦解，這是我唯一可以追回排名的機會，卻只能看著它從眼前溜走。我的腦袋一片空白，整個人喪失鬥志，慢慢拖著身體往前走。

走到剩下三公里處，一輛大會吉普車的醫生上前詢問，要我評估是否還要繼續跑下去，如果身體真的撐不了，可以就在這裡停住，等明天身體狀況好再繼續參賽，但是會被取消資格。

抱著疼痛回到第四天賽程終點後，選手們紛紛來安慰我。

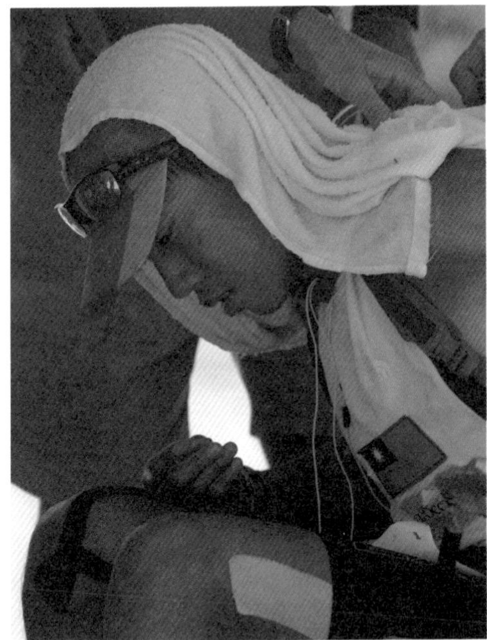

就要追上領先選手時，我卻因為胃痛而停了下來，也失去了追回排名的機會。

我問自己，做了這麼多的努力，爲什麼要換來一場沒有成績的比賽？也讓這一切沒有意義？我堅持回絕大會的建議，確認要繼續跑下去。

一路慢慢地走走跑跑回到終點，我感到非常沮喪與失落，領先的選手們紛紛過來安慰我。儘管這是一場個人單項競賽，每個選手都是競爭對手，但當你表現不佳時，他們同樣爲你感到惋惜，因爲他們也希望你可以完成比賽，就像彼此是隊友一樣。

賽後，我感受到選手間因我的狀況瀰漫著一股低迷的氣氛，我的問題，彷彿也成爲大家的問題。那種微妙的心情又出現了：競爭對手、戰友、朋友，選手間的關係一直在改變，又好像同時存在。每個人來自不同的地方，個性也不同，不一定眞能成爲好朋友，但是此時卻共同擁有一種革命情感，而且難以割捨。

在歡樂時，朋友們會認識我們；在患難時，我們會認識朋友。

——黎巴嫩詩人，《先知》作者紀伯倫

回顧一直努力到現在的自己，拿出勇氣面對失敗，繼續奮戰。

05 別怕失去什麼，因爲我們本是一無所有

我接下來還是和大家說說笑笑，但是每個人都看得出來我已經完全失去鬥志，時間差被拉開二十分鐘，不可能追回前三名，已經輸了比賽。原本熱情又愛搞笑的我不見了，雖然我試圖掩飾失落的心情，但還是藏不了。

晚上，我在樹下刷牙，希臘選手走過來，拍拍我的肩膀對我說：「嗨，朋友，你還好嗎？」我回答他說：「不，我相當難過和沮喪。」希臘選手沒有急著安慰，而是和我分享他的經驗。

他以前是 The North Face 品牌的簽約選手，聽他娓娓道來他的人生經歷，讓我暫時忘記了憂愁。突然他話鋒一轉，又回到我身上，他告訴我：「Tommy，你還年輕，還有很多機會，這次的比賽，以你的年紀來看，如果狀態很好的話一定可以拿冠軍。但是不管如何，要一直保持對跑步的熱情，你應該爲自己感到開心和驕傲，因爲你敢去面對自己現在低落的情緒，也知道該怎麼做，畢竟，你沒有什麼好失去的，無需擔心。（After all, you have nothing to lose. Don't worry about that.）」

「你相信奇蹟嗎？」他笑笑地接著說，「也許這世界上眞的沒有奇蹟，但是你可以自己去創造奇蹟。保持你的熱情、笑容，然後給自己一點力量，這樣就夠了。」

無論輸贏，都要跑進終點

「你相信奇蹟嗎？」面對這個問題，我還說不出答案，但我相信言語可以帶給一個人莫大的力量。希臘選手的話點醒了我，把我從幾天下來積累很深的泥沼中拉了出來。就算原先勢在必得的信心從手心中溜走了，那又如何呢？我們每一個人，從出生時本來就什麼都沒有，那我現在又在害怕失去什麼？

失去名次，失去光榮，對我來說這些是最重要的嗎？

不。我知道我沒有失去信念，這才是最重要的。放手一搏吧！

最後一天起跑前，選手們依舊在起跑線上寒暄。當我被問到時，我說：「全力以赴。」這個回答似乎有點嚇到大家，擔心我是不是又吃了中草藥，像第三天一樣瘋狂。

另一位法國選手的腳破皮相當嚴重，有時候還會跑到整支襪子沾血，看起來相當恐怖。但每當被問到：「How do you feel?（你感覺怎麼樣？）」他總是回答：「I feel like shit.（感覺像狗屎。）」然後大家就會哄堂大笑。有時眞佩服老外的幽默感，總是能輕鬆看待事物，化解糟糕的狀況。

起跑後我快速衝了出去，不管自己體力如何，也不管其他的選手，用盡所有力氣往前

狂奔。抵達每一個檢查站時，沒有停下，拿了水就往前衝，前所未有的能量充滿、包圍著我，持續很久很久，四十多公里山徑的賽程，我只花了三個多小時就跑完了，而且持續保持第一。

我不再思考任何事情，只是看著錶，盤算著配速，告訴自己要快、還要再快。雖然已經輸了比賽，也沒有機會挽回，我完全可以用放棄的心態，或是輕鬆隨意的態度慢慢跑。但我想，這是在失敗中成長的最好機會，學習用正確的心態，來面對失敗，並完成比賽。我尊敬這項運動，熱愛其中，更希望可以爲自己創造一點奇蹟！

我以這股鬥志全力以赴一路衝到終點，不論速度或情緒的掌控，我爲自己的表現感到驚訝，跑出了第五天賽程的歷年

我帶著台灣領先奔回終點。

最快時間。

衝到終點前，我難掩內心的激動，依照慣例拿出國旗，帶著台灣一起奔回終點。我發出了一聲長長的吶喊，我做到了！我沒有輸給自己！突破了心情與體力上的極限，拿出勇氣面對失敗，然後繼續奮戰，並與情緒抗衡。

隨之而來，我的情緒潰堤開始大哭。參加了這麼多場比賽，每次奔回終點時的感受和方式都不同，但對我來說都是最珍貴的體驗，不論成績好壞，我都能感受到自己又進步了一些。

賽事結束，成績出爐，我得到第三站與第五站的分站冠軍。大家都想像不到，帶著腸胃炎，一度情緒低落的我，卻能有這樣的表現。

總成績只得到了第四名，這是我第一

次無法站在頒獎台上，坐在台下看著前三名的選手領獎，心裡確實難受，但也欣慰自己鼓起勇氣面對低潮的表現，而且沒有放棄，又成長了一些。

第三名西班牙選手受獎時，拿起麥克風對我說：「Tommy，來吧，這是我們的獎牌，好險我有穩住陣腳，不然一定會被你幹掉的！」引起台下的選手哈哈大笑。接著，他又說：「Tommy 是一個很棒的對手，我們在這賽事一起競爭，彼此學習到許多，同時也互相鼓勵，我希望能和他一起分享這個榮耀。」

雖然我沒有在這場比賽得到任何獎盃，但是這一刻，我深深感覺到名次並不那麼重要。和這群朋友因比賽而相聚，因超級馬拉松而認識對方，也更認識了自己，然後一同享受這場比賽。這場賽事中讓我更珍貴的收穫，就是滿滿的勇氣與友誼。

我走下台之後，每位選手都與我擊掌，搞笑地說：「我們都知道你才是眞正的冠軍，下次比賽別把我幹掉啊！」我們歡笑，也帶著澎湃的感動。

此時，我又問了那位腳破皮的法國選手：「比賽結束了，你感覺如何？」

他回答：「Still feel like shit!」

我從一同比賽的選手們身上，獲得了滿滿的勇氣與友誼。

失去名次，失去光榮，對我來說這些是最重要的嗎？
不。我知道我沒有失去信念，這才是最重要的。放手一搏吧！

總里程

700 公里

天數

13 天

平均氣溫

-5~-56°C

負重

40 公斤

第七站

2013 YUKON ARCTIC ULTRA 430 MILE

加拿大育空 700 公里極地橫越賽

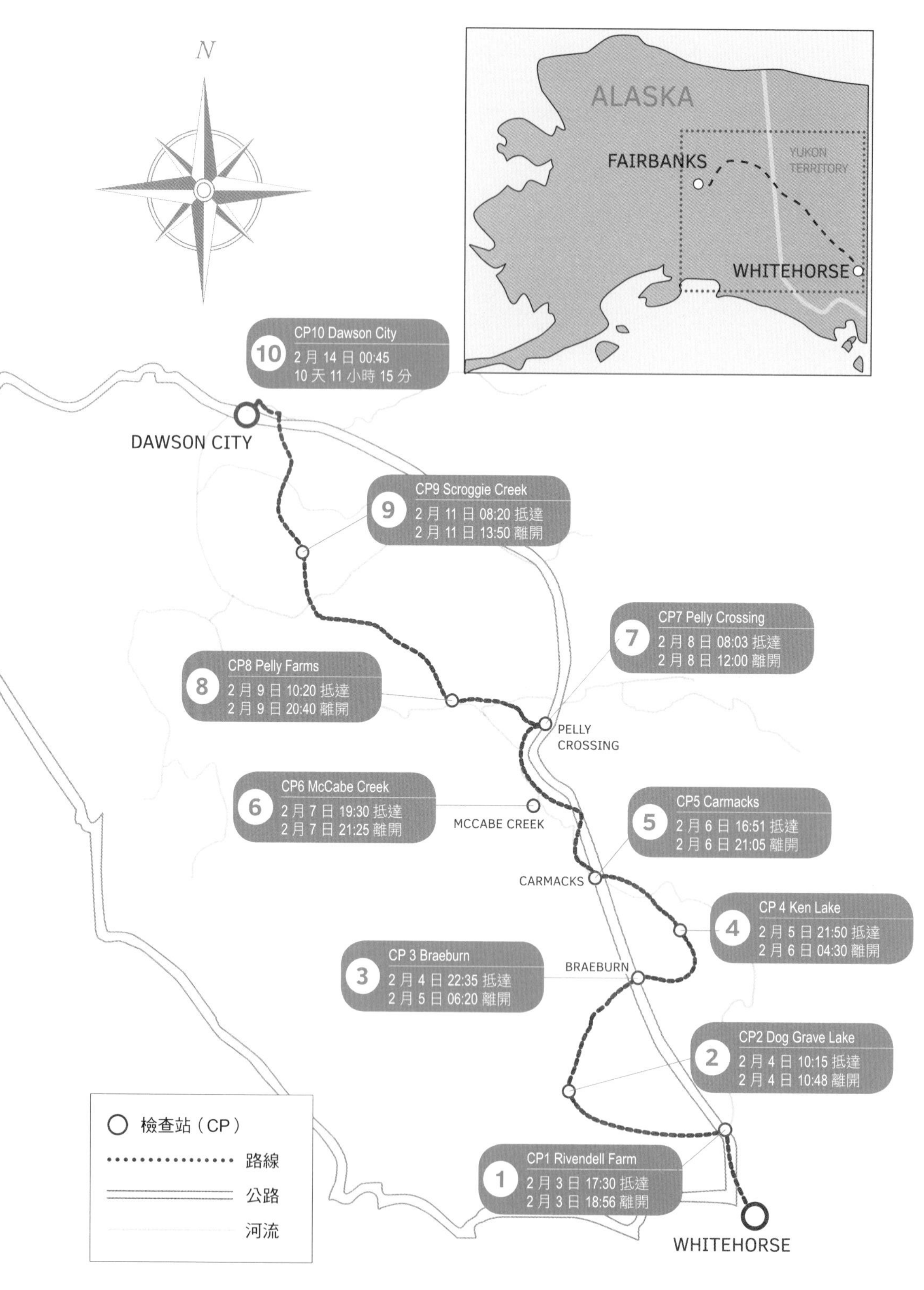
N
ALASKA
FAIRBANKS
YUKON TERRITORY
WHITEHORSE
CP10 Dawson City
10
2 月 14 日 00:45
10 天 11 小時 15 分
DAWSON CITY
CP9 Scroggie Creek
9
2 月 11 日 08:20 抵達
2 月 11 日 13:50 離開
CP7 Pelly Crossing
7
2 月 8 日 08:03 抵達
2 月 8 日 12:00 離開
CP8 Pelly Farms
8
2 月 9 日 10:20 抵達
2 月 9 日 20:40 離開
PELLY CROSSING
CP6 McCabe Creek
6
2 月 7 日 19:30 抵達
2 月 7 日 21:25 離開
MCCABE CREEK
CP5 Carmacks
5
2 月 6 日 16:51 抵達
2 月 6 日 21:05 離開
CARMACKS
CP 4 Ken Lake
4
2 月 5 日 21:50 抵達
2 月 6 日 04:30 離開
CP 3 Braeburn
3
2 月 4 日 22:35 抵達
2 月 5 日 06:20 離開
BRAEBURN
CP2 Dog Grave Lake
2
2 月 4 日 10:15 抵達
2 月 4 日 10:48 離開
CP1 Rivendell Farm
1
2 月 3 日 17:30 抵達
2 月 3 日 18:56 離開
WHITEHORSE
檢查站（CP）
路線
公路
河流

01 賽道外的國民外交

西班牙賽事結束兩個月後，在某天訓練完的早晨，我的信箱出現了一封郵件：「嘿！Tommy～好久不見！我剛好出差到上海，也順道訂了機票到台灣找你，我將會待三天，目前沒有任何計畫也沒訂飯店，希望在你有空的時間我們能一起吃飯或練跑，期待與你相見，哈哈！」哇！原來是西班牙賽事結識的法國選手 Tarique，不到十六天這位老兄就要來了，我可要好好招待一下。

以往招待外國朋友只是簡單吃頓飯或走晃夜市，所以這次讓我格外緊張，這將是我第一次當導遊，幫外國朋友安排行程，必須絞盡腦汁從接機開始的車程、時間、飯店地點、景點歷史、練跑計畫，以及台灣的特色……各種訊息都要先吸收熟讀，再翻譯成英文，這也讓我好好上了一堂課。

十六天後，爲了迎接我的第一位外國貴賓，我特別將車子整理乾淨，自製一個可愛的手繪機場迎接牌。

「Tommy～」Tarique 一出機場馬上認出我，驚喜地帶著

化身導遊迎接西班牙賽事認識的法國選手 Tarique 來台。

笑容走向迎接牌，開心地與我擊掌並來個大擁抱，西班牙賽事恍若昨日。

抵達飯店時，Tarique 一打開行李箱就讓我瞠目結舌，什麼！竟然塞滿了跑步的裝備，「嘿嘿！Tommy，我準備好與你跑上三天兩夜了，隨時可以開始囉！來特訓吧！」蝦密！他來真的，不是來度假嗎？讓我既期待又害怕。

不過我還是先帶 Tarique 去台灣最富特色的景點之一——士林夜市大啖雞排，Tarique 相當驚豔，不斷問我這道美食的中文怎麼說。

「大雞排。」我說。

「打金派？」Tarique 認真地唸著。

「大，雞，排。」我憋住笑放慢速度說。

「大，G，派？」Tarique 皺起眉頭慢慢發音。

我忍不住捧腹大笑，不過應該勉強過關啦。

隔天早上九點我們前往七星山訓練，我約了網球好手謝淑薇一同前往，這才知道她七點才剛回到台灣，還沒來得及休息就和我們一起上山，有種「整到」她的感覺，噗哈哈！

我們跑到山頂主峰休息時，一位阿姨看著我們說：「先生，『口』以請你幫『偶』們拍一下照嗎？」Tarique 立馬展現法國紳士風度，一個帥氣箭步主動上前

和 Tarique 一起上七星山訓練。

左：和網球國手謝淑薇、Tarique、Janet 品嘗火鍋。右：親手繪製給 Tarique 的接機卡。

熱情幫忙。拍完後阿姨開心地問：「哇！謝謝，很帥捏，啊他是哪一國人？你們跑步上來的喔？」沒想到 Tarique 竟然回說：「G 排！大 G 排！好吃！謝謝！」搞得阿姨們紛紛皺眉顯得一頭霧水。哇！不能亂說啦！眞是讓我捏了一把冷汗，發音不標準可是會變成罵人啊，如果阿姨們拿遮陽傘追著我們打就糟了。「肖年ㄟ，好的不教教蝦密 G 蝦密派！」氣喘吁吁的淑薇剛抵達主峰就聽到如此爆笑的對話，邊喘邊笑彎了腰。

晚上我們一起去台中找知名主持人謝怡芬（Janet），世界很大，卻也小得很巧合，不時會有微妙的因緣將認識的朋友們牽繫在一起。後來才知道 Tarique 和 Janet 已經認識很久了，大夥在溫暖的火鍋大餐中追憶往事。

短暫的時光，一輩子的友情，這是我當導遊的初體驗，讓我學習到要如何向外國朋友介紹台灣。

02 萬全準備，迎向艱鉅挑戰

過渡期休養回復後，我馬上又投入訓練。距離七大洲八大站最難的一場賽事——加拿大育空七〇〇公里極地橫越賽，只剩三個多月時間準備。這場賽事的最大挑戰是：必須自行拖著雪橇上的所有裝備，並在零下三十至五十度以下的野外露宿。

由於台灣和其他亞洲國家都沒有販售極地用的雪橇裝備，我只好上網自行從英國訂購，總共花了三萬多元。許多裝備寄達台灣後，海關怕我有銷售行為，竟通知要扣關稅三千四百一十八元，這可不是一筆小數目啊！我連忙解釋這是用來出國比賽使用，並出示比賽證明，結果還是沒辦法抵銷，只好乖乖繳錢才能領取裝備。

裝備齊全後，我開始安排訓練計畫，加強負重訓練。在台灣，我先拖著十二公斤的輪胎來鍛鍊比賽時會用到的肌群。前兩個星期我的「種馬腰」痠到差點斷掉，訓練一個月後才慢慢習慣。訓練很累，也很苦，但每次把課表統統操練完，即使全身已經痠到挺不直了，但心裡有著說不出的踏實感。

很多在旁邊看我訓練的民眾覺得拖著輪胎的我相當詭異，因而出現許多幽默的對話，例如：

十～十五歲看到我說：「你看！跟兩津（動畫《烏龍派出所》主人翁）好像喔！」

十五～二十五歲看到我說：「眞的假的！好怪喔！」

拖著輪胎進行負重訓練時，一旁民眾牽的狗狗也開心跟著我跑了起來。

二十五～三十五歲看到我說：「加油啊！辛苦了！」

三十五～四十五歲看到我說：「唉唷！被處罰喔～」

四十五～五十五歲的阿姨看到我說：「弟弟啊！啊你在訓練什麼？」

我上氣不接下氣地說：「訓練耐力……」

阿姨接著回我：「啊我可以坐在上面讓你拖嗎？」

我趕緊說：「可以啊！到哪裡？跳表喔！」

爲了增加負重訓練，我背了六公斤米袋與水袋總計十五公斤參加富邦馬拉松，超過四個半小時才跑完比賽。

體能訓練期結束，接下來就是環境模擬訓練，正煩惱移地訓練地點之際，銀河老貓大哥介紹我到中國最北端的漠河縣，他說：「彥博，我說你就到中國最北的地區吧，漠河，黑龍江那兒夠你凍的了，比起到歐美國家移地訓練花費較少，我來幫你問問。」經由北京小燕姊的協助詢問，移地訓練就快速決定了。

中國漠河黑龍江模擬訓練

我把極地裝備與雪橇帶齊，像搬家一樣全副武裝飛往中國漠河縣，再搭車前往中國最北的村莊：北極村。十二月正是冬季最冷的月份，平均氣溫是零下三十度，最低甚至到零下五十二度，黑龍江全部結冰，剛好可以讓我在冰河上拖著雪橇訓練，可說是絕佳的訓練地點。

兩個星期的適應期間，我暫時住在偏僻的農舍。由於烹煮食物和房間的熱管暖氣，需要燒掉許多木材，我和女主人打商量，我每天幫她劈柴，早餐的大餅就算我免費，我還可以省下新台幣三百多塊錢。

這裡眞的是天然冷凍庫，小販們還直接將結冰的魚、牛肉、雞、水果放在桌上叫賣，誇張的是賣冰棒的一旁還賣烤串！這這這……眞是夠「牛逼」了，很難想像當地人們究竟是如何長年住在這裡。

當地人捕魚時，先把樁插在結冰的江面，接著將綁在樁上繩子的另一端綁在馬上，馬不斷繞圈圈行進，好讓樁往下鑽，到一定深度後即可把樁拔起來不斷往下戳刺，此時「啪！」一聲冰面裂開，水從冰面湧上來即可撒放漁網了。我在零下三十五度氣溫中，看到捕上來的魚放到冰面上跳沒幾下，不到一分鐘就結凍。因爲是黑龍江的魚，現場甚至還能叫賣到新台幣三百元呢。

我每天早上與下午都在黑龍江上訓練。黑龍江位於中國與俄羅斯交界，夏季無法橫越，冬季則可以在結冰的江面上步行，江面的中間警戒線有標明領土邊界，避免兩地居民誤觸他國領地。總長兩千八百二十四公里的黑龍江，寬不過一公里，我像調皮的小孩一樣在江上的警戒線跳進跳出，一下子在俄羅斯一下子在中國，嘿嘿。

這段期間我測試了三款跑鞋、幾套不同材質的羊毛衣、跑步時的體溫管控、調整裝備的配戴方式、拖行雪橇的技巧、夜晚戴頭燈在冰河上辨識方向等……這趟移地訓練，對於下個月即將展開的七〇〇公里橫越賽，讓我在不安中稍微增加了一點信心。

身處天然冷凍庫，當地人現捕現賣魚類。

小販們直接在結冰的江面上叫賣起來。

回到台灣後我繼續訓練，距離出國只剩下一個星期。我到醫院做詳細的賽前例行身體檢查，也鼓起勇氣做了內視鏡，檢查二〇一一年咽喉癌開刀的位置。

其實，每半年我都會檢查一次，這是我一直不想面對的事情，但它確確實實在我的生命裡存在過，也在我心中占據了很大的陰影與心理障礙。我總是問自己，還撐不撐得住，每次掛號時都會擔憂，就怕有一點小狀況，一切都要停止，我的比賽，甚至我的人生。（見前作《夢想．零極限》）

我緊張地坐上診療台，上麻藥接受內視鏡檢查，這次感覺比往常還要久。檢查結束後，醫生告訴我狀況良好，但仍需持續觀察，這才終於讓我放下心中的不安，準備好好放手一搏。

看著大會歷年比賽影片，每年完賽人數不到五人，完賽率不到百分之三，二〇〇七年比賽更因氣溫低到零下七十二度被迫取消。

我感到很不安，我知道如果賽事中出現這樣的低溫，絕對會有生命危險。面對一場沒有把握的比賽，前方的未知讓我恐懼。體力會耗盡、意志會崩潰、體溫會下降，以及闇夜的無盡孤寂。我必須堅強，爲了回到溫暖的家，我一定要撐過去，每晚入睡前我都這樣鼓勵自己。

爲此，我這次的裝備是史無前例的多，光是七〇〇公里路途上要吃的食物就多得嚇人，加上雪靴、冰爪鞋、雪杖、雪鏡、極地服裝、全套羽絨服、零下四十度睡袋、睡墊、GPS定位系統、汽化爐、燃料瓶、Bivy露宿袋、工具盒、攝影機……我得絞盡腦汁才能把這些東西裝進三個行李箱和一個大型雪袋裡，我也早就做好了超重的打算。

果然，在機場櫃檯報到時，行李重量破百爆表，每次刷卡付超重運費時，心都在淌血（整趟下來被航空公司罰了新台幣兩萬八千多元）。當運動員除了要肩負賽事的壓力，所有裝備、

為了習慣負重四十公斤的賽事，得先練好冰河拖行雪橇的技巧，練到後來覺得我和馬越來越像。

人生中的難得經驗：在黑龍江劈柴換早餐的大餅。

結冰的黑龍江面是極佳的移地訓練地點。

訓練、比賽、機票、旅館等開銷，都是龐大的壓力……

由於這場比賽期間適逢農曆新年，這也是我第一次沒有辦法回雲林過年，所以特意先在國曆新年的跨年時和全家人團聚。從國中開始，全家人就很少在一年的最後一天相聚，爸爸看起來十分高興，媽媽則笑著擁抱三位帥哥。世界上沒有比家還重要的地方，親人，是我們生活的根本，也是生命的全部。到了除夕那晚，我將在加拿大育空的冰天雪地中進行長達十三天的競賽，我想，我會想家……想著潘老師、所有朋友，以及已成爲天使的皮皮……

03 極地超馬第一要務：安全保命

從加拿大溫哥華轉機白馬市，走到登機口，我突然想起四年前（二〇〇八年）與劉柏園大哥、林義傑前輩一同參加磁北極六〇〇公里比賽，當時也是走在一樣的通道和登機門，內心滿滿的回憶與想念。不同的是，這一次沒有大哥們照顧，而是我獨自前往了。帶著感念與懷念，有歡喜也有不捨，我們都曾在這裡，而這趟挑戰也將考驗如今的我是否有所成長。

來到寒凍的加拿大育空白馬市，迎向最艱鉅的賽事。

長程飛行雖疲憊，但我一到飯店仍習慣打開行李擺放整齊再倒頭大睡。

飛機降下雲端，我到了極白之境——加拿大育空白馬市，原以爲這裡飼養了很多白馬，後來才知道是因當地急流酷似白馬的鬃毛而得名。特別的是，白馬市曾獲二〇一三年「全球空氣汙染最低城市」的金氏世界紀錄呢。

一出機場，口中吐出濃長的白霧，才發現確實不是鬧著玩的。當時正在下雪，颳起陣陣寒風，溫度計顯示零下二十八度。我剛把行李搬上車，手就已凍得發抖。這裡時差慢台灣十六個小時，加上疲憊的長途飛行，我晚上七點多抵達飯店，打開行李後隨即躺上床呼呼大睡。

一睜眼，時鐘顯示早上八點，窗外還是漆黑一片，白馬市冬天的日照時間只有七小時，

白馬市的戶外裝備店中，極地用裝備應有盡有。上圖為各式子彈，下圖為憑合法執照可購買的槍枝。

提早五天抵達的我，先在寒凍低溫中進行適應訓練。

夜晚十四個小時，要到九點才會日出，下午四點天就黑了。

我提早五天抵達，讓身體先適應寒凍低溫、濕度，同時測試並採買需要的裝備，以及調整時差。這裡的戶外裝備店相當齊全，極地用的裝備應有盡有，彷彿一個個知識寶庫，連狩獵用槍枝、彈藥、弓箭、陷阱材料都有。

由於一旦開始比賽，連續十三天的賽程幾乎是沒得睡，所以只要訓練完，我就趕緊補眠，養足精神。

台灣來的驚喜

下午要外出訓練時，房間電話響起，「Hello? 嗯……不好意思，你好，請問你是Tommy陳彥博嗎？」話筒傳來的是道地的家鄉口音，是兩位剛好來白馬市旅遊的年輕台灣人，他們看到我的ＦＢ得知我正在這裡準備比賽，於是在晚上班機離開前特地趕來爲我打氣，還送上台中的媽祖護身符，令人感動。第一次有國人來到我國外的比賽現場加油，更何況在如此偏遠的外國鄉間竟還能用台語交談，眞是比賽前的大驚喜，謝謝你們，台灣人最可愛了啦！太溫暖了！外頭再冷都不怕！

加拿大育空七〇〇公里，被評爲世界上最艱難的極地超級馬拉松賽，公里數最長、溫度最低，最低溫紀錄爲零下七十二度。這場賽事連時間都有嚴格的限制，必須在起跑後三天內（七十二小時）完成一六〇公里抵達 Braeburn、八天內（一百九十二小時）完成四六〇公里抵達 Pelly Crossing，最後在三百一十二小時內（十三天）完成七〇〇公里抵達終點道森市（Dawson City），否則將被迫棄權。

以往我最長的賽程都是七天六夜二五〇公里，只需背負八至十二公斤的裝備與食物。而這趟比賽最大的挑戰之一，就是選手要背負近三十至四十公斤重的雪橇裝備、汽化爐、煤油、食物、兩個兩公升的保溫瓶、零下三十五度以下的睡袋、Bivy 露宿帳、GPS 收發器、電池、衣服、冰爪、雪崩鏟、兩天的緊急糧食等求生裝備，以及獨自跑完全程。過程中不能

無法在家鄉過年，在寒冷的白馬市向大家賀年。

在白馬市巧遇兩位台灣的年輕朋友，他們在搭機離開前特地來為我打氣。

接受任何人協助，否則將被取消資格，賽前還要簽下生死切結書。組別分成越野滑雪、山地自行車、徒步跑步三組。

在世界各國選手到齊後，主辦單位於賽前的兩天一夜開啓一連串謹慎的求生技能課程：競賽路線、地圖標示、雲層變化、雪值判斷、心理教育、體溫管控、脫水、生火、凍傷處理、藥物使用須知、危機狀況、飲食需求、睡眠系統、裝備檢查……許許多多我從未接觸過的專業知識。

此外還有最重要的求救須知，以及一晚的野外測試，這些都是爲了讓選手了解到，我們即將進入最原始的大自然，起跑後就必須獨自一人完成七〇〇公里的極地路程。

震撼教育

同時也是參賽選手的大會醫生雪莉（Shelley），播放了第一張全臉結冰的投影片，上頭大大的字幕寫著：「育空極地挑戰，第一章、凍傷處理。」大家見狀隨即安靜下來專注聽課。接著是冰河破裂的照片，雪莉說：「這是去年約莫五百公里處前往最後一個檢查站的途中，大家可以看到冰河一旦裂開完全不可能通過，如果強行通過只會掉進冰河身陷

對選手來說，每一堂求生課程都是一次震撼教育。

危險。我當時四處觀察地形尋找機會，接著繞向左邊山坡有雪的地方，並小心地用雪杖確認安全後慢行穿越，之後再回到賽道。途中許多可預測或不可預測的狀況都會發生，唯有選擇面對，才不會發生危險。」

求生課程簡直是一場震撼教育，緊張得教人無法呼吸。接著出現了幾張腳趾嚴重凍傷的照片：「如你們所見，這是過去選手發生的眞實狀況，如果腳趾刺痛，一定要馬上停下來檢查。因爲如水泡裡產生組織液，有很高的機率會造成凍傷，燃料也切忌碰到皮膚，否則會瞬間凍傷，嚴重的話很有可能造成永久性的傷害，也就是截肢。所以在每一個檢查站都要讓醫生做檢查，爲了安全，醫師有權力評估你的身體狀況，並決定是否讓你繼續比賽，或是棄

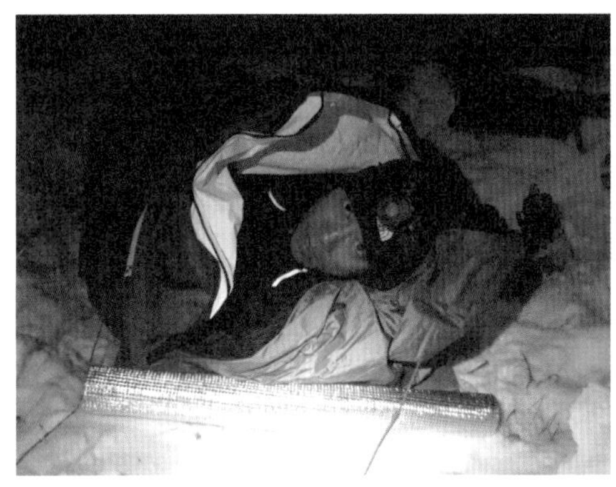

檢查 Bivy 露宿袋和能抵擋零下五十度氣溫的睡袋。

練習如何尋找避風紮營點生火。

權。」

我聽了緊張地倒抽了一口氣，選手們紛紛皺起眉頭開始做筆記，也有許多選手不安地提問。求生課程中不斷透過文字與照片解說，教導選手許多應對大自然的嚴謹觀念。並讓選手們體認到，在氣候不佳的情況下，如果反應不夠迅速或判斷錯誤，緊急情況下極有可能會死亡。

「七〇〇公里的挑戰組，終點在道森市，越往北移動氣溫越低，日照時間也會更短，你們會有很長一段時間都在漆黑中比賽。前幾屆賽事氣候不穩，選手們在途中經歷了好幾場暴風雪，但即使是小風雪，一旦大意還是可能會帶來致命的危險。加上曾經出現零下七十二度的嚴寒低溫，七〇〇公里組別每年完賽率更幾乎只有三至五人，唯有良好的氣候與積雪狀況，以及經驗判斷，才能提高成功抵達終點線的機會。

「切記！安全、保命是第一要務，務必密切觀察自己身體的狀況，確保身體機能運作正常，並仔細檢查好所有裝備，才有可能完成比賽。天氣變化多端，安全第一，要用智取，好好照顧自己，今天晚上六點開始野外測試，祝各位好運！」

晚上五點多，選手們手忙腳亂地把裝備搬下樓，主辦人羅伯特（Robert）要選手全副武裝，前往約八公里的山區。一開始選手們就有一些相互較勁的意味，彼此不斷超越想試探對方。我有點興奮，一邊前進一邊試著調整裝備，爬上山頂後進入森林，開始野外求生訓練課程。

帶著緊張的心情領取號碼布和 SPOT 衛星追蹤器。

賽前反覆研究地圖與行進路線。

賽前發紅包給外國選手，帶給大家好運。

課程一開始，先帶選手如何尋找好的避風紮營點，挑選合適的樹枝，並用鋸子鋸下來生火，以及在失溫的危急情況下，如何直接使用煤油生火輔助，但要小心使用不當，不小心把煤油撒出來可能會燒到自己，更可能連裝備都燒掉。接著是要學會在雪地裡使用汽化爐煮熱水進食一餐，並計算在零下的氣溫中需要多久時間才能把水煮沸。最後則要檢查 Bivy 露宿帳和能抵擋零下五十度的睡袋。

這三項考試都有人來檢查，如果選手的裝備等級不夠，需再採買合格的等級，隔天還要再讓主辦單位檢查，相當嚴謹，都是為了選手的安全。

比賽前一天領取了號碼布和 SPOT 衛星追蹤器，接著就是晚宴。每一次出國比賽我都會帶上小禮物，而這次比賽時間遇上過年，Chinese New Year 對外國朋友來說很新奇，於是我將平安符放進紅包袋送給每一位外國朋友，順便介紹這個習俗，希望帶給大家好運。大家收到後都開心地將平安符掛在賽服或雪橇上。嘿嘿，又是一次成功的國民外交囉。

心中想念

回到房間，距離明天早上十點三十分起跑只剩十二小時，我再次檢查了所有的裝備，深怕漏了一樣就會出狀況。也許是因為不安，我至少重複清點了三、四次。

確認完裝備後，我在就寢前依照以往的習慣，打了幾通網路電話給好友、二哥、爸媽和潘教練。電話另一頭爸媽的口氣透著關心與不安：「彥博，準備得怎麼樣？現在冷不冷？

明天幾點出發啊？氣溫幾度？衣服夠不夠暖？裝備都有帶齊嗎？冷的時候要喝薑茶喔，能多休息睡覺就多睡一點，二哥會用電腦教我們看你GPS的位置，要平安回來知道嗎！」我盡量隱藏著不安安撫爸媽，這是我第一次沒有和家人回雲林團圓過年，也難怪爸媽會牽掛。

潘教練則是特別叮嚀我：「彥博，這七百公里具有相當高的危險與挑戰性，確實非常不容易，也非常困難，一定要好好保護自己。如果有什麼狀況，生命安全爲第一優先，不要過度逞強讓身體產生永久性傷害。要冷靜地觀察環境變化做出正確的判斷，教練相信你一定會完賽，我的手機會爲你開著，等你到終點線打衛星電話給我，加油！快去睡吧。」

從二〇〇九年第一場喜馬拉雅山賽事起，比賽前一晚的睡前我都會打電話回台灣，五年來一直如此。親友的聲音常會在我煎熬痛苦時浮現腦海，並鼓勵、伴隨我回到終點。如果發生意外，我也會清楚記得親人的聲音，知道一定要努力活下去，以及，學會告別。

收好電腦，我趕緊跳上床，趴在床上研究地圖近半小時，最後再次複習檢查點的距離，並熟記路線地形。我閉上眼睛做印象訓練，想嘗試推斷在極地中橫越七〇〇公里是什麼樣的滋味，有多冷？有多餓？有多累？儘管我跑過北極點、南極洲、磁北極等賽事，但這場比賽和以往的極地賽事截然不同，我的經驗與想像力還不足以揣摩過程中的情景與狀況，地圖距離看起來好遙不可及、好漫長。

關上燈，我躺在床上凝視漆黑的窗外。天啊，這是眞的嗎？明天，我就要離開這個溫暖的被窩，獨自在外頭生存了，不敢相信時間過這麼快。我蓋上溫暖的羽絨被，情緒在緊張、

為了回到溫暖的家，我告訴自己一定要撐過這場艱鉅的賽事。

期待和排山倒海的不安間不停擺盪。

睡前，我一如往常地向老天爺祈禱，雖然每次的比賽絕不會一帆風順，心理會煎熬，身體會痛苦，但我知道這些都是完成夢想必然歷經的一段漫長過度期，但願我能撐過去，只求老天爺保佑我，讓我這十三天平安完賽。

這一次，我沒有向家人做任何保證，但我知道要盡一切最大的努力，平安回家。

04 虔敬大自然，淨身參賽

可能是緊張的緣故，比賽前一晚我竟然失眠，晚上醒來好幾次，七點鬧鐘還沒響，我已經先睜開眼睛。由於擔心一百多位選手與工作人員把餐廳擠得水洩不通，以及不熟練收納裝備與雪橇而延誤時間，我想三個半小時的時間應該夠我準備，於是洗把臉就先下樓吃早餐。

沒想到一到餐廳時已經滿滿都是人，我像是「餓死鬼深怕等等就會挨餓」一樣，點了牛排、培根蛋吐司與熱巧克力，以防待會比賽時剛過中午就餓了。沒辦法，忍不住會有補償心態，畢竟開始比賽後就只能吃乾糧了。坐我對面的西班牙、義大利選手也瞪大眼睛看著我說：「Amigo～我的老天，Tommy，你究竟可以吃多少啊，哈哈哈！」

回房後我開始打包所有裝備，並把雪橇搬到一樓。儘管這幾天想盡辦法減輕負重，雪橇依然沉重無比。這次我挑選裝備比以往更謹慎周全，裝備輕量化到極致，僅準備緊急狀況時夠撐兩天的食物與電池。

不過帳篷還是太重了，即使換成 Bivy 露宿袋，加上其他大會強制規定的裝備：睡袋、汽化爐、煤油、頭燈、電池、GPS 衛星定位、睡墊、防潮墊、四公升的保溫瓶、雪崩鏟、雪杖、冰爪、防水鞋套、食物、背在身上的一．五公升水袋、食物袋等……還是將近四十公斤的重擔。

我像搬家一樣把裝備安置到一樓後，退房離開前最重要的一件事（也是我每次賽前都會做的）：洗澡，從頭到腳徹底地把自己洗乾淨，這是我對大自然表達虔敬的方式，前往大地之母時先淨身，就像攀登聖母峰的登山家對神明的敬畏一樣，這是我信仰的態度。

退房後，我在一樓再度謹慎清點一件件物品裝入雪橇裝備袋中，就怕遺忘了什麼。這時主辦人員大喊：「快！離起跑時間只剩六十分鐘，大家該離開了，否則你們會趕不上！快速打包你的裝備！」還沒有獨自長征的經驗，我開始手忙腳亂，匆忙打包衝出門。我不知道飯店距離起跑點有三公里遠，途中還遇到喝醉的當地人胡亂指引方向害我差點迷路，好在起跑前十分鐘趕到現場，但我早已滿身大汗。

加拿大育空每年一度的重大活動，就是育空探索一千英里國際雪橇狗比賽 Yukon Quest，從加拿大白馬市到阿拉斯加費爾班克斯，雪橇狗在昨天先出發開出賽道後，今天才換我們比賽。

今天是吹著微風的陰天，場邊擠滿了熱情的民眾。我觀察到每位選手使用的裝備系統都不同，服裝的配置、雪杖的款式、裝備袋重量的擺放、玻璃纖維的托盤、連接托盤的牽引桿也有人換成繩索，各有自己的風格，還有選手把全家福合照掛在裝備托盤上，有經驗的選手甚至極端輕量化，少帶很多東西，托盤裝備只有小小一個。這是我生平第一次獨自的長征冒險，裝備上比較保守。

起跑點的暖流

「你是 Tommy 嗎？」一位華人面孔的女生認出我。哇！有兩位在加拿大打工的台灣年輕學生知道我比賽的消息，特地搭兩個小時的車過來幫我加油，還驚訝地說：「天啊！你們終點眞的是道森市，我看了地圖，那裡眞的好遠好遠，你好勇敢！而且只有你一個亞洲人參加，祝你順利完成比賽！加油！」並給我一個擁抱。這是我第一次賽前在起跑點有台灣人爲我加油，講著親切的台灣話，感到一股暖意，以往都是孤單一人……不過這也沒辦法，誰叫我的比賽都在極地，總不可能要大家去喜馬拉雅山、北極點、南極洲、非洲沙漠來幫我加

我保持自己的步調，隔一段時間就停下來補充熱量。

前一天起跑，世界著名的雪橇犬比賽也在這裡舉行。

油吧。

隨著起跑時間（十點三十分）一分一秒逼近，一旁雪橇犬的長吠聲，也使我的心跳越來越快。四周的民眾開始跟著羅伯特倒數吶喊：「五、四、三、二、一、GO！」歡呼聲四起，選手們全部衝了出去，飛濺起許多雪花，我從隊伍最後方慢慢前進，「彥博！加油！台灣加油！」趕來看我的台灣學生帶來了最振奮人心的祝福。開始了！我生平最大的挑戰，七○○公里極地橫越賽超長賽程，世界最難的極地超級馬拉松賽。

越野滑雪、山地自行車、徒步跑步，所有組別選手一同出發，簡直一團混亂。由於雪橇長約兩公尺，有選手絆到差點跌倒，要右移左移也很困難，容易和其他人撞在一起。我步伐穩健地踏上征途，眼看領先的選手開始飛奔，逐漸拉起長長的人龍，不過只要前面有選手速度變慢，就會造成後方選手塞車動彈不得。

我不想陷入爆滿的人潮中，但賽道上只有兩條雪上摩托車開過的軌跡，其他都是軟雪，爲了追趕前方的選手，我莽撞地衝入雪中，試圖超越人群。但繞道超車，不僅讓自己十分緊張，也很耗費體力，只得長時間把油門踩到底才能超越一大批的選手，結果搞得自己氣喘吁吁。

好不容易超越選手群，卻大量流汗連衣服都濕了，我趕緊停下來把外套拉鍊拉開散熱，卻又再次被後方選手超越，覺得自己這舉動眞是愚蠢。不過今天天氣暖得嚇人，應該只有零下五度，和前幾天零下十幾度差太多，大家也紛紛停下來調整服裝，甚至有選手脫到只剩一

出發了，這是世界十大最艱難賽事之一。

起跑之後，選手們呈人龍前進。

件而已。我擔心一不小心感冒就慘了，所以將褲子、Gore-Tex 外套拉鍊全部拉開，同時控制速度以降低體溫，但跑沒多久發現還是太熱，所以又停下來脫掉第二層刷毛衣，才防止體溫過高不停流汗的問題。起跑後不斷調整裝備，停停走走的，浪費了不少時間。

「Yeah～Go～Go～Go～天氣正熱呢！大家加油！」嗯？前方傳來熱烈的加油聲，我抬頭一看，蝦密！前方怎麼會有兩位比基尼女郎！是我在幻想嗎？原來是二十一公里處有個熱情的加油民眾舉著一道海灘風畫布，還頭戴小丑帽，手拿釣竿，場景瞬間滑稽起來，幾乎讓我以爲到了夏威夷。當地民眾都非常熱中支持這場比賽，可說是育空最受歡迎的年度大事之一。

跑了一陣，我慢慢進入比賽狀況，計畫每兩小時停下來休息五分鐘補給水分、半杯熱巧克力、半杯熱水，順便吃一點乾糧補充熱量。我也不時會確認前後方選手的距離，避免被拉遠或被追上，並一邊學習用雪杖輔助跑步的技巧。我無暇想太多，讓身體自己前進。隨著太陽西下，氣溫也開始迅速降低。

05 大地之母的使者 CP1

我終於看見四二．一九五公里的第一檢查站，馬上低頭看錶記時間，什麼！已經下午五點三十分了！四十二公里馬拉松的距離我竟然七個小時才抵達，平均時速只有六公里……右轉前往檢查站小屋的路面相當難走，全是鬆軟的雪，有時鞋子還會陷進去，還好有穿防水鞋套，否則褲管、襪子、鞋子一定全濕。

抵達檢查站後，我快速取出雪橇裝備袋裡的巧克力、牛肉乾、綜合堅果，重新分配補給到隨身袋裡，再將兩個四公升熱水瓶裝滿熱水，之後才走到一旁溫暖的營火處休息進食。我感覺襪子與鞋墊有點潮濕，濕了可能會讓腳起水泡，而水泡可能會造成凍傷，於是我把鞋襪脫掉放在火堆旁烤乾。哦，飄出煙的味道可真嚇人，不過大家好像都這麼做。

「Tommy，你還好嗎？」在一旁取暖的德國選手 Bernhard 問我。

「嗚……我的腳趾非常的冰……」我微微顫抖地說。

「不要緊，這很正常。」

「啊？很正常？」

「是的，在加拿大育空這是很正常的（旁邊的選手噗哧一笑），這裡任何地方都很寒冷，賽事越往北移動越凍啊。」

的確，天色已經黑了，溫度降得很快，來到零下十三度，呼氣時會冒出陣陣白煙。天氣很難掌握，有時溫暖，有時太熱，有時微風吹來卻又太冷，天氣沒人說得準，一切只能隨機應變。而今天溫度些微上升，有些地方雪融變得太軟，要跑起來真的很難，幾乎得使出六成以上的力氣才能移動身體，很容易就腳痠，必須試著找對速度，把每一個習慣、動作熟練做好。

離開第一檢查站後，我的名次是十九，處於落後階段，前方還有十八位選手，差距在三小時內。開啟頭燈返回賽道，來到冰河平坦的路段，我循著頭燈光線前進，試著慢慢小跑步，不斷激勵自己：「熱身結束了，現在比賽才正要開始呢！」

敵明我暗

我很快地適應了黑夜。大約晚上十點左右，我在冰河追過大會醫生 Shelley 與兩位英國選手 Marianne、Mike，我從旁呼嘯而過時，他們喊著：「太冒險了！Tommy，別跑，如果流汗你就會失溫了，保留體力，才剛開始而已。」我沒有多想，只想趕快前進，致意後便繼續拉開距離，這是我一貫的戰術與策略。

跑了三小時後，我開始爬坡進入黑雲杉林的路段，天空被樹林遮蔽，比起有月光照耀的冰河，森林顯得黑暗許多。前方出現若有似無的光線，感覺好像有一位選手跑在我前方，但我發現他曾多次轉頭看後方狀況，約間隔十幾分鐘一次，每次回頭時頭燈都會閃一下，然後光線再度消失。等到我逐漸靠近看得比較清楚，才知道他每次回頭都會遮住頭燈，避免讓後方選手發現。

記得二〇一一年南非喀拉哈哩二五〇公里沙漠超馬賽的冠軍曾對我說：「在長時間、多天數的超級馬拉松耐力競賽中，如果你在夜晚讓後方跑者看到前方有光線，會讓他們產生希望與目標加速前進；反過來說，如果你關掉頭燈讓他們無法發現你，而你知道他們的位置，並慢慢拉開距離，這也是一種十分重要的戰術。」

跑了快四個多小時，我得確認後方是否有追兵，於是將頭燈往後照，一樣也用手掌遮住頭燈的光線。只見後方空無一人，只有一片漆黑與寂靜。

進入黑杉山林路段，目光被樹林遮蔽頓時陰暗了起來，溫度也大降。

不過不知道什麼原因，胃鼓鼓的不斷脹氣，「哦，不太妙……」，現在零下二十三度，沒時間找地方慢慢醞釀，不然屁股可是會凍傷的，必須要忍到最後關頭才能脫褲。只聽到肚子一直發出咕嚕嚕的聲音，我用力夾緊括約肌，走路呈現內八的姿勢，不行……忍不住了……就是現在！我靠邊將雪杖用力插好，立馬躍起，同時一把將三層褲子迅速脫下，「噗嚕嚕噗嚕嚕噗噗噗噗叭叭叭！」在半夜漆黑寒冷的雪地中猛拉肚子，看著自己的便便冒煙有股奇妙的感覺，另一方面又擔心後面有選手追上來，萬一被對方的頭燈照到我的屁股那眞的是糗斃了。

晚上十二點多，小徑來到了一個無風的空曠處，我看見前方出現一個雪橇，終於有選手準備休息睡覺了。

「是誰？」藍色的露宿帳裡傳來聲音。

「Tommy。」

「你還眞快，今天打算不休息了嗎？」

「不，我想撐到第二檢查站，應該不遠了。」

「嗯……看起來還有一段距離，保持溫暖，祝好運。」

我繼續往前，陸續追過了七到九位休息的選手。在漆黑的樹林裡，看到溫暖的燭光透過露宿袋或帳篷發出藍綠色的光芒，帶來一股安心的感覺。不過我還不打算休息，這是拉開距離的好機會，於是我繼續向前，跑離這安全地帶，讓自己再度置身在漆黑的樹林中。

我的比賽計畫是每天完成八十至一〇〇公里，這樣連續七到九天就能完成比賽。但我從沒有過這樣的經驗，目前還無法感受這樣的計畫會帶來多大的痛苦或負擔，以及過度疲勞導致免疫力下降的問題。

照目前的速度來看，我預估半夜三點半左右可以抵達一〇二公里第二檢查站，然後小睡兩小時繼續前進，也趁機會拉開距離。雖然已經開始疲倦想睡，但我想再撐三小時是沒問題的。

手錶顯示接近凌晨四點，我還沒到檢查站，每過一分鐘都讓我越來越焦躁，速度也越來越慢。這時後方傳來了腳步聲，是德國選手 Bernhard。

「嘿，Tommy，你還好嗎？知道離檢查站還有多遠？」

「我不清楚……應該快到了……」我帶著睡意回答。

「唔，我的 GPS 顯示快到了，大約還有八公里吧，應該九十分鐘。老兄我們一起走吧，難得遇到人，再多堅持一下。」Bernhard 鼓勵我。

「但是我已經暈得左搖右晃了，現在就想睡覺，你先走吧，謝謝你。」

「你確定嗎？真的快到了。」

「不要緊的，我們檢查站見。」

難得遇到可以一起結伴的選手令人精神為之一振，但路途還很長，就怕一個衝過頭身體承受不住，我還是保守一點吧。

時間就是勝算

凌晨五點十五分，我走到無風處，決定在這裡打個盹。我使勁把雪橇拉離賽道，然後解下腰帶。

在氣溫零度以下要將水煮沸十分耗時，我第一件事就是取出汽化爐生火，並將燃料瓶蓋換上打氣幫浦，接上輸油管鎖緊後，手像閃電一樣趕緊按壓幫浦兩百下，然後轉開燃氣控制閥，等到煤油嘶嘶聲從噴嘴孔流出，最後用防風打火機點燃。轟！火焰迅速燒起來，也微微照亮了漆黑的森林，我頓時產生一股安心感。

氣體燃燒到完全變成藍色火焰大約需要四十至六十秒，我抓緊時間先把睡墊、防潮墊拿出來，將大睡袋塞進 Bivy 露宿帳裡，等到火勢變大，就把保溫瓶裡的水倒入五〇〇 CC 鍋內，放在支架上煮沸，等待水煮沸期間先快速用鏟子鏟出一個平坦舒適的地點，再小跑步踩平，並將睡墊與 Bivy 露宿帳擺好。所有動作要一氣呵成，不能浪費一分一秒，一旦停下來身體很容易就會發冷，同時也能爭取更多的休息時間。

個人冒險長征賽事，由於攜帶的裝備非常多，一切都要輕量化。爐具選擇必須考量燃料、重量、體積、氣壓、天氣、水源、烹煮時間等因素。在雪地零度以下的寒冷環境，瓦斯爐容易出現燃燒效率不佳、火力較弱或無法使用的情況；汽化爐較適合在下雪颳風的荒野使用，原因是儲存燃料較保險，不會結凍，緊急情況時也能以煤油燃燒木材取暖。汽化爐有多種品牌可選購，我用的是 Primus 多燃料鈦合金汽化爐，比其他選手使用的汽化爐更輕巧，還可瓦斯、去漬油、白汽油、煤油、無鉛汽油、柴油多燃料共用，也很節省燃料。

鍋子飄出陣陣白煙，水終於滾了。在冰天雪地裡，能夠煮熱水吃泡麵是件幸福的事，心也隨之溫暖了起來。迅速填飽肚子後，我將雪杖插在緊靠露宿帳頭和腳的位置拉出警戒線，如果有動物接近，撞到發出聲響，我可以立刻察覺。

接著我趕緊鑽進 Bivy 露宿帳裡睡覺，雖然很疲倦，卻對於獨自露宿在一片雪白荒野中感到些微興奮。我邊躺著，邊不時望向外面的雪地，深深感受著此時此刻的空間、地點、我正在做的事。窩在睡袋裡躺在雪地，這也許是我夢寐以求的事吧！回歸大自然尋找生存的野性，躺在露宿帳裡的感覺很奇妙，像是進入另外一個世界一樣和雪地隔絕，同時產生安全感，但其實這也不過是一個巨大的防水袋而已，空間非常狹小，有些壓迫感。而關掉頭燈後，無論閉眼還是睜眼，眼前都是一片漆黑，翻身時碰到尼龍布會不時發出沙沙聲，老實說還滿恐怖的。

我對自己第一天的表現感覺不錯，裝備沒問題，身體沒問題，心理狀態良好，所在位置大約八十六公里處，一切都依照預定計畫進行，只要每天最少前進七〇至八〇公里，就可以在十天內完賽。手錶顯示凌晨五點五十分，我設定八點就要起床，快睡吧！還有很長一段路呢。

雪狐現身

「唰！」什麼聲音？感覺是從左前方較高的地方傳來的，我睜開雙眼慢慢拉開露宿帳拉鍊探頭查看，原來是樹枝積雪掉落下來的聲音。警戒心太強反而沒能好好休息，一點小聲音就會驚醒，我又鑽回睡袋裡繼續睡。不時可以聽見積雪從樹上掉落的聲音，算了，我實在累壞了別想太多，又將進入夢鄉時，「唰……嗒……嗒……」好像有什麼東西在移動？我馬上打開頭燈拉開露宿帳，探出上半身往外看，什麼都沒有，雪杖沒有掉下來，裝備托盤也無異狀，周遭還是一片寂靜，天空飄著雪。我瑟縮起身體環顧一圈仔細查看，隱約看見距離約八公尺前方樹後好像有個黑影，我緊張地吞了口口水，「媽呀……不……是……狼吧！」我趕緊拿起雪杖，打開瑞士刀，做好備戰狀態。只見黑影一動也不動，綠色的眼睛，藏匿在樹後觀察我，又慢慢把頭縮回去，一會兒又慢慢探頭出來看我。我切換頭燈聚焦片後看得更清楚了，黑影的身形不大，閃耀白光的軀體和雪融成一色，白色的尾巴一動就飄落許多雪花，短尖的口鼻和短圓的耳朵，啊，是雪狐！我感到有點振奮。

牠看起來神聖驕傲地站在我無法靠近與侵犯的領域，我們凝視著對方互相觀察，稍有一個動作，牠可能就離我遠去。聖潔的白色身軀，讓我感到一股神秘且神聖的力量，牠是大地之母的生靈，我相信生靈們的來訪來自大地之母的力量，他們可能以各種型態存在。

「Hello～你好嗎？」我小聲地問候，牠繼續靜靜注視我，然後轉身「嗒、嗒」消失在黑暗中。

還好雪狐只吃旅鼠、鳥類、魚、漿果和北極兔，我鬆懈了下來。雪狐的學名是北極狐，分布在北冰洋地區，有敏銳的聽力，常躲在密林深處，連獵人都很難看到牠的蹤跡，沒想到牠竟然出現在我帳篷前方，我眞是太幸運了，我帶著驚喜的心情返回露宿帳睡覺。

「嗒、嗒，嗒、嗒……」沒睡多久，我彷彿在睡夢中聽到人的腳步聲通過，沒多久又有個選手跑過去，我睡眼惺忪地看著手錶，才七點二十分。被其他選手超越令人焦慮，但我必須再睡一下，否則後面會沒有體力。算了！我說服自己躺下繼續休息，但隔三十分鐘左右，又有許多腳步聲從遠處傳來。

我拉開露宿帳往外看，天空已經變成微亮的深藍色，是大會醫生 Shelley 與兩位英國選手 Marianne、Mike 經過。「早安，Tommy。」Shelley 行經時問候著，看著越來越多的選手趕上來，緊張與不安讓我根本無法入睡。我馬上起身生火煮了脫水食物當早餐，並將裝備放入雪橇，由於還不熟練，花了一點時間才出發。

手錶顯示早上八點三十分，天啊！我只睡了一個半鐘頭就要繼續趕路了。我再度移動身體，沒跑多久覺得有點昏昏沉沉的，應該是休息不足的關係，結果才走了一個半鐘頭，經過一段陡坡，就到了第二檢查站。可惡，早知道昨晚就再撐一下跟著 Bernhard 一起走。

06 怕失敗，會找到藉口；渴望達標，會得到能量 CP2

用帆布簡單搭建的檢查站，Shelley、Marianne、Mike 提早我半小時抵達。我喝杯熱巧克力暖暖身子，沒休息多久就馬上出發，並將時間縮短至十八分鐘的差距，而昨天幾乎沒有睡，也讓我的名次前進到第十一名。

剛離開檢查站時還會發冷，但走了約莫二十多分鐘後身體就慢慢暖和起來。今天的天氣陽光耀眼。倦意離開後心情也隨之好轉，賽道不斷在森林小徑中穿梭，我深切盼望接下來都是這種地形，不要再出現任何爬坡路段。冰河、森林、零下的溫度，沒有水流，萬物不生，這會是接下來十二天的景象，睡袋將是我的家，直到抵達終點。

時間變得極為漫長，儘管只落後 Shelley 三人十八分鐘，但即使我加緊前進，在舒適的路段也改成跑步，卻還是沒有追上。我調整成每三小時只停下來休息五分鐘，喝半杯熱水和熱巧克力，並計算保溫瓶裡液體溫度能撐多久。

我的四周空空蕩蕩，眼前是有一片雪白的世界。為了把握時間，我吃東西從不停下來，拆下外層手套後，手直接伸向繫在腰帶的食物袋，袋中的三個透明塑膠袋分別放有巧克力、軟糖與綜合堅果、牛肉乾，我把乾糧一把抓向口中邊吃邊跑。這場極地橫越賽只能吃這些，只有在檢查站才能用熱水吃脫水食物，所以必須挑選體積小、重量輕、易攜帶、合胃口、高

騎過身旁的大會雪上摩托車，對疲憊不堪的選手來說是很難抗拒的誘惑。

熱量、不易變質的食物，以符合「美味」及「胃滿足」的需求。

下午四點多，我依然沒看到任何人，黑夜又將來臨，心情變得越來越差，祈禱能趕快抵達今天的檢查站。

呼吸、吐氣、呼吸、吐氣；跨步、前進、跨步、前進，數小時的重複動作和長時間拖著雪橇，腰與肩膀已經慢慢開始疼痛。接著黑夜籠罩，周遭又陷入一片漆黑，氣溫隨之降低，我逐漸體認到這七〇〇公里基本上就是忍受痛苦的歷程，睡不好、吃不飽、穿不暖，一天又一天忍受艱苦跋涉、沉悶無聊和苦痛。這是一場我期待許久的比賽，但如今再度置身於漆黑，雙腳受寒，已經使不出力氣來感受任何事……

前方出現光線與黑影，我開心地加速前進，是英國 BMW 贊助的選手 Marianne，一身紅色的裝備非常明顯。他已經坐在托盤上休息了。「你還好嗎？」原本想要開口邀他一起結件成行，卻沒想到他說的話讓我有點毛：「不，我不太舒服，有股噁心感讓我一直想吐，應該是黑夜的關係……」「你需要幫忙嗎？」我緊張地問。「沒關係，我自己有準備藥物，如果沒有好轉我可能會棄賽……你先走吧，祝好運。」他直截了當地回應我。於是我穿越他，再度回到黑夜。接著連續五小時什麼跡象都沒有，我感到有點不耐，到底那該死的檢查站還要多久才會到？距離變得比想像中還遠，連一絲光線都看不到。

「隆隆隆！」後方出現了燈光，是大會的雪上摩托車，稍稍照亮了四周的黑夜。車上坐著一位選手經過我的身旁，是剛剛停下來的英國選手 Marianne，看了讓我有些衝擊，沒多久燈光就消失在森林中，接著後方又出現兩輛雪上摩托車，又一位選手棄權了，車子經過我身旁時，我和棄賽的選手瞬間四目交接，我從他眼神中看見了疲憊與無助……

拒絕懦弱的糖衣

「駕駛座後方有空位上車……舉手上車就可以結束這痛苦了……」我的內心突然出現這樣的聲音。沒錯，這聲音眞的很有誘惑力，黑暗中一片死寂，只有疲憊和痛苦。如果上車就能馬上回到溫暖的室內，不用再受凍受苦，多好。

每當雪上摩托車行經身旁時，這段獨白就會鮮明地浮上腦海。看著紅色煞車燈慢慢離我遠去，這聲音也跟著慢慢消失。

我開始理解到，這是人性的懦弱。當你置身在一個無法掌控的環境時，起初，你會感到好奇，但不知道未來將要面對什麼，也不知道害怕，因爲你還沒認識它。但隨著時間越久，你和它有了接觸，和它相處，於是，感官、味覺、觸覺、心理開始承

雪上摩托車的前頭燈成為我在黑暗中短暫的一抹救贖。

受超越你所能承受的範圍，時間經歷越久越強烈。你開始對害怕有所認知、有所想像，試著接受，卻也想抵抗，每當這痛苦出現便讓人難熬而感到害怕。你看不見成功，知道還要過好長一段時間才能抵達終點，但還是感覺距離終點好遠好遠，甚至無法想像抵達終點的喜悅。最後，這股希望慢慢消失，也感覺不到。於是，置身漆黑的人們開始害怕失敗。

這條路很漫長也很痛苦，這痛苦是必經的過程，卻也是我們想抹滅的事實。身心無法承受這一切的人，開始想要逃離，感到害怕而想放棄，只要有任何外在的誘因，都會把它視爲一個放棄的機會，也解讀成能夠說服自己和他人解釋的理由，它是幫助我們逃離這裡的唯一方法。但當誘因離開，軟弱與不安會慢慢降低，讓人又能再奮鬥下去，直到適應這一切，然後抵達終點。

我看著雪上摩托車的前頭燈，祈禱它爲我照亮前方的道路，帶給我安全感，讓我知道我不是孤單一人。但是，當隆隆的引擎聲消失，四周又安靜了下來。一段時間後，我的痛苦指數再度增加，到底要多久才會到？其他選手都上哪兒去了？一小時之後，前方出現閃爍的黃燈，是檢查站！眞的是檢查站！我內心歡呼著，終於抵達一六〇公里的檢查站了！我敲擊著雪杖，原本低落的心情迅速獲得了能量！

07 最想念，就是最遺憾 CP3

外頭放了許多雪橇，很多選手都抵達了，檢查站是一間餐廳，讓一〇〇英里組別結束的選手可以在此休息。

我疲憊不堪地走進檢查站，室內好溫暖。檢查站提供一份招牌餐點——和臉一樣大的特級漢堡，熱騰騰香味四溢，但我太疲憊而沒什麼食慾。接下來要再過四十四英里路程才會抵達下一個檢查站，我迫切需要這熱量，於是強迫自己慢慢吃完一半，另一半用鋁箔紙打包。接著還必須通過大會醫生的凍傷檢查，包括鼻子、耳朵、手指和腳趾等四肢容易凍傷的部位。我比限時三天提早了三十六個小時，爲自己爭取到休息時間。

檢查站後方有簡便的木造小房間供選手短暫休息，三位選手使用一間房，我被安排和兩位德國選手一起，由於他們已占用了兩張床，我只好睡在門口地板。我想趕緊入眠，但不斷有寒凍的風從門縫吹進來，我裹起睡袋仍不住打起寒顫，但心想至少不用睡在零下四十一度的戶外了。

半睡半醒兩小時左右，兩位德國選手起床準備出發，他們嘰嘰呱呱不斷用德語交談，偶爾發出笑聲，完全沒理會我還在休息，其他選手陸續抵達、出發也干擾我入睡。等到他們離開沒多久，我就立刻躺上床去。爲了完成這一六〇公里，我的身體已經極度疲勞。又躺了一會睡不著，不知道爲何睡意已消，但這樣拖時間也不是辦法，躺了一個小時，我決定起身繼續前進。回到餐廳整理裝備時，因爲經驗不夠，還是超出了我預期的時間許久才出發。

出發之際，剛抵達的義大利選手已經滿臉結冰，因失溫不斷顫抖而開不了門，需要旁人協助才有辦法動作。主辦人羅伯特與醫生前來評估他的狀況，他邊發抖著想說明自己的狀況，但還是無法清楚地表達。「沒……問題……我……我……覺得……我可……以……完成……比賽……」他努力解釋著。

「但我對你的生命安全有很大的責任。」羅伯特打斷他。

「我……感覺……很好……沒……有問題……」義大利選手泛著淚光繼續試圖解釋。

「沒關係，你先休息，吃東西恢復，我們再說。」

我離開後沒多久，主辦單位爲了義大利選手的安全而決定取消他的比賽。

犧牲睡眠爭取名次

賽程第三天，我將雪橇拉回賽道，穿上腰帶，手握雪杖再度出發，趁其他選手休息時繼續前進。雖然還是沒睡多少，知道自己這樣做有點冒險，但由於每個選手每小時前進的速度差不了多少，爲了拉開與其他選手的距離，犧牲睡眠是最好的策略。

外頭依然一片漆黑，我進入了有些起伏的樹林小徑，賽道標記用一根細長木頭插著，頂端塗著紅黑相間的顏色，貼著反光膠布，每當頭燈照到貼布產生反光，我就知道自己還在賽道上，沒有迷路。

溫暖的檢查站供選手休息與補充熱量，受傷或身體狀況不佳的選手也可在此接受醫生檢查評估是否適合繼續參賽。

二〇一三年二月五日，清晨七點，我已經近五十八個鐘頭沒有入睡，先前的小睡其實都沒有真正入眠。氣溫很低，我的眼睫毛結冰了，比起前幾天更加寒凍，此時此刻，我除了寒冷、疲倦、飢餓、睡意，已經無法產生其他感受……我一輩子從沒有這麼疲倦過，什麼感覺都消失了，幾乎快撐不下去，只剩下意志力讓身體繼續移動……沒有快樂，沒有焦慮，沒有絕望，我感受不到自己還活著，只想盡辦法繼續往前走，繼續走……但這樣下去，連意志力都會在無盡的疲勞中逐漸消散……

我隨著頭燈照亮賽道穿梭在樹林間，片刻後雲霧湧現，逐漸遮蔽視線。當黎明微亮一

22:35 抵達檢查站，比預期提早了 36 小時，爭取到足夠的休息時間。

掃天空的黑幕，我穿越森林，耳邊傳來颼颼聲，風勢漸漸增強，一個平緩的下坡後，即將進入的冰河在我眼前幻化成一幅延伸至天邊的美麗風景。天空開始變化，從黑夜變成深藍色、淺藍色，逐漸明亮起來，我的身體突然也像天空一樣開始有了活力。陽光彷彿能注入新的生命能量，讓我的疲憊一掃而空，睡意也逐漸消失。

「喳！」我離開樹林踏進冰河，比起積滿軟雪的樹林小徑，冰河表面更加堅硬，也好走得多。我全神貫注四周環境，擔心體力嚴重消耗，卻也不禁沉醉於雪白的寂靜世界和無拘無束的跑步之樂。前方慢慢出現陽光，劃開霧氣，引領著看似無止盡的道路，有一、兩個鐘頭我忘了害怕。

將近六十個鐘頭沒有入睡，只剩下意志力讓身體繼續移動。

氣溫越來越低，寂寞感越來越強烈，眼睫毛結冰遮住視線，必須用手撐開。

荒涼無人跡的大地，一望無際的雪白世界，有我或無我，真的有所不同嗎？

我伸手清除墨鏡上的雪，弓起背迎向早晨的暴風雪，細小的風雪變得更強，身軀毫無遮蔽，任由風雪吹打。我茫然凝視著前方的冰河，恍惚間意識到已經天亮了，眼前是一望無際的極白，紛飛的雪花呈現出壯麗的景致。此刻湧上一股激動的情緒，我早已期待許久，爲了這一刻，我等待準備了好幾年。

體溫管理的學問

安全有賴於速度，一流汗就可能因結冰造成失溫，控制體溫是一門經驗與學問。在Gore-Tex外套的腋下位置，有拉鍊可以拉開讓體熱排出，調整到舒適的溫度。迎面而來的風雪將體熱迅速帶走，細小的雪片刮到皮膚又凍又痛，我將墨鏡、毛帽、面罩緊緊戴好，確保沒有太多皮膚暴露在空氣中。但越深入冰河，就有越強的風打在身上。

「奇怪，那邊……怎麼好像有感覺……」「不對啊，這裡什麼都沒有，也沒有漂亮的比基尼女郎，怎麼可能會有感覺？」從男性的生理反應來看，我差點忘了每天早上起床一定都會變得硬邦邦的，比賽到現在進入第三天了，竟然都沒有任何反應！「奇怪，不過，怎麼感覺刺刺痛痛的……」糟糕，而且感覺越來越明顯，我的老二確實感到刺痛，這是頭一次在比賽中出現這樣的狀況，這表示今早冰河的溫度與風速對人體非常危險。

我開始擔心老二凍傷，如果主辦單位在比賽發布消息：「台灣選手在比賽中老二凍傷，被迫棄權。」不！我馬上聯想到許多畫面，全世界都會知道啊，以後每一位朋友和我見面打招呼第一句話就會問我：「嘿，你的老二還好嗎？」我想起二〇〇八年六〇〇公里磁北極大挑戰時，主辦單位指出，一位男選手上小號時沒有背風或抖乾淨，結果因尿液結冰而凍傷，還趕緊棄權搭機去動手術治療。

喔！NO～～我馬上停下來背對強風，從雪橇托盤拿出兩個備用羊毛襪，同時脫下手套檢查我的寶貝還有無知覺或凍傷，「嗯……咦……咦……冷冰冰的，而且……縮得和蘆筍一樣細。」呼～還好還有些微觸感，如果再遲一點可能眞的就凍傷了。爲了我未來的幸福，我趕緊將羊毛襪塞在老二的位置上擋風，裝得前面好大一包。我迎風繼續前進，刺痛感慢慢消失了。感謝老天，我保住了我的老二。

太陽從我後方升起，但依舊寒冷，前方的霧氣與風雪形成濃濃的氣旋，能見度大約只有二十公尺，我彎下腰閃避風雪繼續前進。大約三小時過去，依然是一望無際的冰河，沒有任何遮蔽物，風速也絲毫沒有減弱的跡象，反而越颳越猛烈，像是拚命想趕走侵犯了這領域的我似的。

在這樣的環境下，停下來休息很危險，很快就會發冷失溫，只能繼續前進保持體熱，直到找到可供休息的遮蔽

嚮導 Jerome 騎雪上摩托車來關心我的「褲襠」。

處。我感到越來越飢餓，從腰部的小包包抓幾把堅果和軟糖塞入嘴巴咀嚼，補充熱量。

我戰戰兢兢地觀察身體與結冰的狀況，這時後方轟轟聲響起，是嚮導 Jerome 騎雪上摩托車載攝影師世軒來拍攝，他們從我身上的 SPOT 衛星追蹤器找到我的位置。

我們互比大拇指回應，他們到前方約一公里處停下來拍攝。我經過他們時 Jerome 發現我怪怪的，擔心地問說：「嘿，Tommy，你還好嗎？」「有點冷，不過狀況還不錯。」他皺了一下眉頭，繼續問道：「你的老二還好嗎？好大一包啊……」喔天！我就知道會這樣。「喔，這個呀，沒什麼問題，This is Asian size。」我自以爲幽默地回答，Jerome 卻呆住，我趕緊補充：「哈哈哈，早上太冷了，有點痛痛的，我塞入羊毛襪來保護它啦，現在好多了。」Jerome 才哈哈大笑起來。

漢堡冰淇淋

他們拍攝沒多久後就離開了，沒辦法一直跟在我身旁，只能在較大的檢查站透過網路搜尋我的位置，然後出來找到我拍攝後就回去，因爲在荒野中萬一沒汽油或是機器出狀況，麻煩可就大了。

我在這段冰河約走了四個多小時後，下午一點終於看見前方出現黑影，我準備離開冰原右轉四十五度進入黑杉林，終於有地方可以遮蔽風雪了。進入樹林後風勢趨緩，比剛才的冰河路段舒服許多。我感到極度飢餓，但還是堅持前進。

直到一點半，我找到無風處，才終於能坐下來休息五分鐘。我從裝備袋中拿出羽絨外套穿上跨坐在托盤上，伸直舒緩一下雙腳，然後流著鼻涕倒了一杯冒煙的熱巧克力，再拿出昨晚在檢查站中吃剩下一半的漢堡。我的天，根本咬不動，和冰塊一樣硬。我只好用折的，斷裂時漢堡還發出啪的清脆聲。我把幾塊冰漢堡放在口中，再喝幾口熱巧克力讓漢堡融化，這味道有種說不出的詭異，就像在吃漢堡冰淇淋一樣，半冰半熱，稱得上噁心。

下午兩點左右，終於讓我追到一位選手，他正坐著休息，是來自英國的馬克。「哇嗚，Tommy，你老二還好嗎？它腫起來了嗎？」又來了，我邊笑邊連忙解釋。原本我打算超前離開，但想到接下來如果有人陪伴，也是件好事，於是我停下來與他一起喝杯熱巧克力。馬克是非常冷靜謹慎的選手，以三十歲創下最年輕的完賽紀錄選手就是他，他也是經常參加的選手，但並不多話，有人向他攀談時他才回應，嗓音輕得斯文。

我們一起出發，我在前方不斷加快速度提高體溫，也順便試探他目前的狀況。馬克的步伐比我更有條不紊，而且看來相當輕鬆，沒多久就超越我。身高一百八十五公分的他，跨一大步就讓我跟得非常吃力，我知道勉強跟上會把自己拖垮，就調整回自己的速度。只見他離我越來越遠，然後消失不見，又剩下我一人。

爲什麼他可以跑這麼快？是單純身高的差別嗎？還是決心上的差異？

不論在身體、溫度、技術上，歐美選手肯定比我更有優勢。不過馬克提早我一小時離開檢查站卻被我追到，對於亞熱帶選手的我來說，犧牲睡眠、減少休息次數與時間，看起來是我目前唯一的選擇了，而我也相信這是絕佳的辦法。

陡上坡的考驗

午後天氣放晴，耀眼的陽光讓氣溫慢慢回升，接下來一整天我都在樹林裡穿梭與爬坡，遇上天氣晴朗的好時段，終於可以加快速度了。然而這並非是只有我獨享的好事，每個選手都想趁著好天氣乘勝追擊。

正午的陽光把雪晒到融化，讓雪橇出現了額外的阻力。起初還開心不用再忍受低溫酷寒，沒想到山徑上坡路段卻開始打滑，出了樹林進入四〇〇公尺的冰河再進入樹林，我揉揉眼睛，差點不敢相信眼前的賽道：「哇靠！這是開玩笑吧，果然是世界最難的冒險賽……」從冰河再進入樹林是一段約三十公尺的陡坡，最後幾公尺的坡度少說高達七十至八十度，用跑的就已相當困難，更何況我還拖著約四十公斤重的雪橇，根本很難爬上去啊！

我在斜坡前停了下來，不敢置信地看著這坡度，這一定要耗費相當大的體力才可能衝得上去。我喘口氣吐出長長白煙，活動一下脖子、腰部、腳踝，準備一鼓作氣往上衝。如果速度夠快，在位移動能抵銷前應該能讓我剛好爬上去，但必須一氣呵成不帶半點猶豫。

好，衝吧！我提起腳步加速，使出比賽到目前為止我最快的速度，大腿用力推蹬、快速收腿往前拉、手緊抓著雪杖，像頭蠻牛般猛力衝刺，快到臨界高速後剛好進入上坡，嗒、嗒、嗒，我感覺正快速往上攀爬，沒多久就超過一半距離，僅剩一小段就可以完成。「好啊！計畫奏效！」正當我得意之際，速度卻立刻降為零，只感覺一股重力把我往後拉，我一急，

立馬使出全力繃緊全身，往前撐住才勉強停在原地。「可惡，就剩沒多少公尺而已，這下可好……」時間越久，全身的肌肉越疼，我用雙手扶著雪面，試著用腳尖找到支撐點，呈現僵持的狀態，正要往前跨一小步時，「唰！」一聲，腳打滑整個人貼在雪面滾了下來，還吃了不少雪。我趕緊爬起來拍掉身上的雪，決定再試一次，改成一步步慢慢走上去，用雪杖當作主要輔助。但才走沒幾步就被雪橇的重量往後拉得耗盡力氣，繃緊的小腿、手臂和肩膀撐到快要抽筋，爬到一半時又打滑回到原點，連續嘗試兩次都失敗。

我氣憤地解下腰帶，往回走向裝備托盤，拿出冰爪套上雙腳，增加額外的抓地力與牽

走進能遮蔽風雪的黑杉林令我鬆了口氣，但強烈的飢餓感隨之而來。

引力，接著吸入兩口寒冷的空氣，將全身的重量向前傾注在腳尖上，將左腳冰爪踩入斜坡上，再將右腳往上一跨，好！穩住身體了，而且踩得很扎實，我超越了原本的距離，登頂近在咫尺。但沒想到後方竟然都是軟雪堆，根本沒有地基可以支撐，我試著繞 S 型增加阻力，但僅能慢慢爬升，眼看手只差八公尺左右就可以碰到頂點了，一個重心不穩往後，頭撞到雪地，「砰！」我頭昏眼花地慢慢站起來，還好沒有受傷，但已經沒有力氣再爬一趟。我看著剛剛滑下來的斜坡，雪被我越壓越平滑，而且陽光直射讓雪都融化了，情況變得更糟糕，簡直像是要爬上陡峭的滑水道一樣困難。

看看手錶，已經浪費了將近半個小時，還好後方還沒有選手追上。我很氣餒，各種方法都用盡了，到底其他選手怎麼爬過去的？我坐下來喝一杯熱巧克力喘口氣，雙眼盯著這個堵住我去路的討人厭斜坡。

喝下最後一口熱巧克力，我心想不能再浪費時間了，決定再嘗試一次。我往後三十公尺當作助跑加速距離，「好！來吧！GO GO GO！」我大力拍了一下手鼓勵自己，邊跑邊為自己打氣。「喳喀！喳喀！」冰爪鞋發出聲音，雪花被我推得向四周濺起，我像雲霄飛車一樣加速準備急速爬升，「好！可以！可以！」爬坡速度相當快，雪杖用力往後推，十五公尺！十公尺！五公尺！就要成功了！已經突破原本的距離了！就在這時速度又瞬間變成零將我往後拉，我趕緊用冰爪鞋用力往下踏，以腳尖抓地，用雪杖往後支撐身體，我再度陷入僵局。但這次和之前不同，坡度更陡了，雪橇負重更明顯，我咬緊牙根死命出力，全身肌肉都在吱吱作響，「不能放棄！撐住！要到了！」我幾乎是用全身貼住傾斜的雪地，不敢有任何空隙，掙扎了好一會兒，接著抓住一支雪杖的底部當作冰斧，一隻手往上插後，再換另外一隻手也上去，我死命將身體往上拉，冰爪鞋也跟著往上踢，直到踩穩爲止。不斷重複這過程，終於慢慢地往上移動了，但我開始大量出汗，連第一層保暖衣都濕透，「馬的，再這樣拖下去，過不久我就會失溫！」

「嗜！」我抓雪杖的手插到頂點，身體終於過一半了，但最重的裝備雪橇正呈現最陡的狀況把我往下拉，「喝喔喔喔喔喔喔！」我拚盡全力死命地傾斜身體往前爬，全身已被汗濕透，這種姿勢相當難受，小腿的肌肉因過度緊繃而異常吃力，此外我也一直擔心打滑，苦不堪言。再往前踏幾步後，身體彷彿忽然失去重量般變得相當輕鬆，我回頭一看，成功了！我終於爬上來了！而雪橇就若無其事停在那，好像不關它的事一樣。我好恨這傢伙，卻又不能沒有它，所有維持我生命的裝備都在裡頭，這雪橇眞是令我又愛又恨……

我解開腰帶，起身把防水外套的胸口、腋下、裡頭兩件羊毛衣、褲子側邊拉鍊全都拉開，趕緊讓體熱散出降低體溫，並用快乾巾擦乾汗水。我走回剛剛的斜坡往下看，眞搞不懂剛剛究竟怎麼上來的。好不容易過了這個難關，同時也祈禱接下來的路段不要再出現這種恐怖的大斜坡。儘管氣溫回暖是加快速度的好時機，但最糟糕的是，結凍的冰河及湖泊，冰層也開始融化變薄……

皮皮的形影

下午四點十分左右，開始飄起小雪，我在灑入光束的樹林間穿梭，眞是一個美好的日落，我帶著微笑與疲憊的身體，爲這幅美麗如畫的景致所感動著。

這時腦中出現了許多回憶，很希望將現在的心情與人分享。我想起了過世的巴哥犬皮皮，我好想牠，如果皮皮回到大自然和我一起待在這裡，一定會很愉悅地奔跑吧！我開心地想像著這畫面，突然間，我彷彿看見皮皮的背影在我右前方，搖著尾巴陪我走這段路，「皮皮……皮皮……是你嗎？我好想你……」我舉起右手，想去撫摸牠。我知道，這其實只是我無法忘懷的記憶，但是它就在眼前，如此眞實……皮皮就在我前方，腳步輕盈地走著，是那兩腳不斷交替搖屁股走路的可愛模樣。我岔了口氣心想，皮皮，我如此的靠近你，好想快步過去抱緊你。這時皮皮突然回頭看我，笑著，喘著氣，和以前一樣看著我，表情和感覺如此鮮明，彷彿能聞到那熟悉的味道，「皮皮～～不！」我濕了眼眶，顫抖地喊了出來……這三年累積已久的想念與愧疚，頓時全部湧上心頭，我心痛地流下眼淚，夕陽就在前方，黃褐色的耀眼光線，擁抱著我們，皮皮繼續朝夕陽走著。

「皮皮……皮皮……你好嗎？這幾年，你都到哪裡去了？在天堂的你……過得好嗎……」皮皮沒有回答，只是偶爾回頭看我有沒有跟上，然後繼續走著。每一次，每一次皮皮回頭等我，微笑看著我，我越是激動而感傷，我們一起走了好長一段路。然後，皮皮在冰河前方停下來等我，夕陽餘暉慢慢包覆起皮皮的形體，接著消失在夕陽中，皮皮來到這裡

帶給我平靜與祝福。我停下來，凝視著夕陽心痛地哭了好久。我知道，我知道，這幾年，皮皮依然在我身旁，陪伴著我……我永遠無法忘懷這一刻……

「在這冷暖的世間裡，唯一眞正不會自私、不會遺棄你，不會忘恩負義、不會背叛你的朋友，就是你的狗。」

——美國前參議員、演說家、辯論家 維斯特《忠犬禮讚》

日落很美麗，卻也非常短暫，是獨自在雪地中的我最喜歡的時候。美好的事物總是稍縱即逝不復返，黑夜很快就再度降臨，光線逐漸變弱，黑夜將從我背後吞噬，我幾乎看不出何處是冰河的盡頭，天空又是從何處展開。

哭過之後，我變得平靜，打開頭燈繼續前進，大約每間隔三小時停下來坐在雪橇上，喝杯熱巧克力、吃幾片牛肉乾。今晚的月暈有種不可思議的力量，它彷彿也暖和了這片冰原上的寒意。我感到異常疲累，但體會到一種輕飄飄的怪異感受，在月光下我竟感到異常溫暖，暖和得令人不安。

這晚的賽道穿梭在樹林、冰河與湖泊間，有時我經過平坦的冰河會覺得沉悶無趣。雖然最好走的就是堅硬的冰面，也會讓雪橇負重減輕，但四周空無一物，看不見任何東西，只有頭燈的白色光線。不知道是否因爲疲憊或久未入睡的緣故，有時一直盯著前方白色頭燈照射的賽道，會讓我產生噁心感，偶爾移開視線盯著天空或遠方，改變視線範圍才好轉，我祈禱著不會是感冒。

育空七〇〇公里極地橫越賽的過程冗長沉悶，完全不像我之前知道的任何賽事。體能是極地超馬的關鍵，但還有許多的重要層面——心智與經驗，是一般訓練鍛鍊不來的。

離開上一個檢查站十五個小時了，我開始感到虛弱，這時前方遠處出現了白色的亮光，是Mark嗎？我追到他了嗎？還是其他領先選手？接著他對我打一閃一閃的信號，我也打信號回應，是什麼意思？大會人員嗎？還是有人需要幫忙？看這時間，難道是檢查站要到了？我精神一振，想到等會兒有溫暖的地方可以小憩，可以遇到「人」，開心得連疲憊的身體都醒來了。

我稍微加快速度，慢慢靠近他，在冰河中看到幾個標記，前方雪上摩托車的賽道軌跡出現了好幾個分岔路，走錯可就糟了，很容易就會錯過檢查站。接著白光帶領我進入一個冰河中的小山丘，我抬頭一看，「幹！」又是陡上坡。辛苦爬上山丘後，亮光越來越明顯，是小屋！檢查站到了！

08 極地荒謬劇 CP4

Ken Lake 是個絕佳的檢查站，一輛廢棄的露營貨櫃車是兩位工作人員的暫時住所，旁邊則是供選手休息的簡易帳篷。在樹林遮蔽的小山丘上，沒有風，可以俯瞰整片冰河與星空。如果不是比賽，這裡絕對是最浪漫的天堂。

「嘿！Tommy～」進入帳篷後，已經在裡頭吃東西的 Mark 向我打招呼。帳篷裡勉強能容納五人，廢油桶充當火爐，工作人員 Yann 正持續添加木材來溫暖帳篷。我立刻坐了下來大口補充嚴重流失的水分，而且終於能把衣服脫到只剩一件羊毛衣。

Yann 拿給我一份脫水餐點，加入熱水五分鐘後，香味充斥整個帳篷，我迫不及待嘗了一口，「哈～～辣死我了！」是墨西哥辣肉醬飯！辣椒確實能去寒，不過這辣度還真夠嗆，我邊吃邊問經驗豐富的 Mark：「Mark，哈～～（好辣），每次天黑的時候，有時我會

在漫長的黑夜中前進，我偶爾打開頭燈尋找賽道標記，大多時間是在黑暗中以雙腳來確認賽道。

感到害怕，有時會噁心想吐，你會這樣嗎？哈～～（還是好辣）。」

「哈哈，well，我還好，會噁心想吐其實主要是心理因素，因爲你長時間被黑暗包覆僅靠頭燈前進，對吧？這有點類似幽閉恐懼症的症狀，不過有時你可以試著關掉頭燈，起初你會什麼都看不到，四周一片漆黑，但試著讓身體慢慢適應，如果天氣許可，還可以用月亮的餘光去感覺四周環境，而不只是頭燈的狹窄範圍。如果還是看不到，我會用腳去感覺，知道賽道就在我腳下，偶爾可能會偏離一點點，不過再打開頭燈修正就好了。」Mark 一臉輕鬆地說著。

克服幽閉恐懼症

不知道爲什麼，面對美味的辣醬飯，我卻沒有胃口，只吃了一半就停下來。從起跑到現在三天內，我其實沒吃多少食物。

「Tommy，你必須要吃完，你的身體非常需要這熱量。」Yann 說。

「沒錯，你的身體要完全吸收每個食物，否則絕對撐不到終點。」Mark 也附和。我想強迫自己吃光，但眞的沒胃口，只好留待出發時再吃。聊了一陣子放鬆心情後，沒多久Mark 就準備離開繼續出發了，我突然緊張起來，好不容易追上他，應該要乘勝追擊才對。但比起其他檢查站，這裡眞的很棒，讓我想再待一陣子。我心想距離下一個檢查站約有七十一公里遠，如果保持每小時七至九公里的速度前進，保守估計也要再十三個小時才會到，而且到現在我幾乎沒有好好睡過，於是決定睡到清晨三點再離開。

帳篷外的小空地上正燒著木材，一旁雪地也鋪上樹葉供選手睡覺。我取出睡袋在火堆旁烘熱，順便去木造簡易廁所上大號。嗚……馬桶墊冰到屁股肉都縮了起來，往下蹲時，大腿和屁股已經疲勞到讓我慘叫，不過還好身體狀況算是一切正常，值得慶幸。

我躺入睡袋，不用套上Bivy露宿袋，這樣才能直接看著星空閃爍。望著火焰，心境有種說不出的奇妙，不管是生理、心理，以及環境，都已經超過了我的極限、我的認知，我從來沒有這種經驗，正通往未知的領域，接下來將是大自然洗滌心靈的開始。內心從來沒有這樣自由過，思緒彷彿離開了軀體，漫遊在大自然間，自由地活著，我吐出長長的霧氣，望著星空，終於可以暫時入眠了。

「好冷……要不要等天亮再出發會比較暖……」「不然……再休息一下好了。」手錶的鬧鐘聲叫醒我後，我開始掙扎，舒服地把身體蜷縮起來，只有鼻子以上露在睡袋外。天空還是一片漆黑，火堆也差不多熄了，我的喉嚨乾到有點痛，舌頭黏在上顎，不時乾咳著。

我打開頭燈試著要爬起來，但像被睡袋黏住一樣，不敢出來面對冰冷的空氣。當我再睜開眼睛時發現已經多睡了四十分鐘，啊！糟糕！在舒適的環境，反而有更多誘惑讓人猶豫不前。我立馬跳起來，快速收好睡袋整理所有雪橇裝備，接著回到帳篷把木材放進爐裡生火煮開水，但因爲太急了，燒了一堆木材火燃燒得太旺盛，讓帳篷裡變得像三溫暖一樣熱得我直噴汗。

把睡前的辣醬飯吃完當早餐，清晨就搞得自己噴火又噴汗，真是整死自己。帶著不捨的心情離開，我繼續趕路，從四處有遮蔽的山丘滑下斜坡後，風又開始颳起，我重返空曠漆黑的冰河，原本的安全感又逐漸消失，只剩下空寂陪伴著我，後方的小屋燈光，慢慢消失在黑暗中。

我感覺體力恢復不少，應該是有睡覺的關係，但肚子又開始咕嚕咕嚕脹氣，胃不時隱隱絞痛。走了兩個多小時，清晨六點左右，大約要到九點半才會日出，我有點厭倦這漫長的黑夜，想起 Mark 說的話，便鼓起勇氣關掉頭燈。「喀！」周遭變得一片漆黑，連自己的手都看不到，緊張得連忙打開頭燈。但我決定再試試，沒多久，可以感受到月亮的餘光了，眼睛也能隱約看見樹林的黑影，而不再只是十五至二十公尺的頭燈照射範圍。

火焰在寒凍中帶給我溫暖，也讓我在荒野中感受到生命的力量。

想在天亮前出發，卻發現已累癱的身體黏在睡袋裡，不聽使喚。

能夠看得更遠，恐懼也減少了些。我小心翼翼繼續往前，但踩在看不見又凹凸不平的雪地上很容易重心不穩，「而且萬一走錯路、迷路的話怎麼辦……」，我努力讓自己走在正確的方向，賽道標記上都會貼反光貼布，只要頭燈照到就會反光，我開啓頭燈找到標記後就關起來，憑著方向感繼續前進。很奇妙的，我的雙腳，確實感到賽道就在我腳底下，如果踩到鬆軟較深的雪，就會知道已偏離了正確的位置，就再開頭燈修正方向回到賽道。我慢慢熟練這方法，而且這招眞的管用，也爲這長途的苦悶賽程增加了一些趣味。

滑坡的苦頭

太陽掙扎在地平線上，遲遲不肯爬上來，天空變成了深藍色，新的一天又將展開，我沒有太多想法，只能繼續前進。

在冰河中走了約四個小時，一個右轉進入爬坡的樹林小徑，滿滿的黑杉林覆蓋住天空，讓小徑變得更爲幽暗，還不斷出現S形的爬坡，走沒多久我就感到相當吃力。小徑很窄，只能容納一人通過並讓一人從旁超越。上下起伏的路段讓速度有所變化，提升了比賽的樂趣，但也讓疲憊不堪的雙腳增加不少壓力。

一段時間後，「咦？前方的小徑怎麼不見了？」我走到一半時突然看不到前方路線，我小心翼翼地往前照耀頭燈，出現四個反光，原來是四個標記擺成交叉的X形，表示「危險」，提醒選手注意。這是一個陡下坡，還好我有慢下來，如果一個不小心我可能就踩空摔

下去受傷了。我用雪杖往前支撐，慢慢往下走幾步看會不會打滑，正順利往下時，我的雪橇也開始往下滑，重量讓肩部與腰部的束帶把我用力往前推，如果煞車的話腰部會承受不住，迫使我只好往前加速跑來抵銷這重量。不過由於力道眞的太大，沒跑幾步後因速度太慢，身體突然被俯衝的雪橇重量騰空兩秒後才著地，「哇喔！剛剛發生什麼事了？眞是太好玩了！」我先是感到緊張，接著覺得很刺激，拖著雪橇一個接一個地短暫上下陡坡路途，讓今天的賽程剛開始就極具挑戰性。

山丘越來越高，我回頭看剛剛橫越的冰河，實在很難想像我曾待在那麼遠的地方，和它道別後我轉身繼續前行。太陽升起後籠罩大地，接著又是一整天在樹林小徑間穿梭，偶爾會穿越一些結冰的河流。轉換在冰河與森林間的賽道，就像是穿越在兩個不同世界。我終於找到穩定的節奏，接連順利通過了幾個下坡，但感到腳踝的負擔越來越大。

下午一點，前方再度出現 X 形的危險標記，是一段少說也有三層樓高的斜坡。準備下降時心臟怦怦直跳，我小心翼翼走出一步，但坡度眞的太斜了，才第二步整個人就急速下墜，雪橇也跟著往下俯衝，雪橇的桿子連接在我的腰上，並用扣環扣住，當重量一往前，受力全擠在我的腰和腳踝上，相當難受。只見速度越來越快，已經完全煞不住，我趕緊試著用腳尖或腳跟踩煞車，雪花四濺，但每踩一步，腳踝就隱隱作痛。

我把身體側向一邊試著側煞，但速度已經完全失控，我只能一直往前衝，直到降到平地等速度慢下來，否則我會被雪橇的重量推倒跌下去，而且一定會受到相當大的傷害。我將腳步拉大加快，但每一步落地，腳踝就像被針插到一樣痛，而且越來越劇烈，連續四天兩百七十多公里都沒有休息，現在應該已經發炎了，沒辦法再承受這樣的負荷。

當我內心感到憂慮時，終於要降到平地，同時也是速度最快的時候。突然一大步踩在地面，一陣劇烈的痛楚刺進右腳踝，刺痛直逼腦門，劇烈的疼痛使我倒吸一口氣，立刻停了下來，「該死！真是痛到他馬的爆炸！」我噴著口水咒罵，相當緊張，就怕腳踝骨或韌帶受傷無法完成比賽。

我吐了長長一口氣，試著旋轉腳踝，當旋轉到外側與彎曲時就會出現無法忍受的神經刺痛。馬的！這下如何是好，我估計六點以前應該可以到檢查站，到時再好好治療與檢查，於是先吞了一顆消炎止痛藥，希望抵達檢查站時能好轉，並祈禱這刺痛在後面四百三十多公里消失，否則將會是一場煉獄般的漫長路程。

無法冰敷的極地

想歸想，現實歸現實，我再往前走時已經處於痛苦的開端，每踩一步就像是被電到一樣，每走一步刺痛就越深，尤其是再度下坡時著地力道較大，恐怖的劇痛透過神經直逼腦門。我咬牙忍著一段時間，把速度降到時速四公里，希望止痛藥能夠趕快發揮效用。

約三十分鐘後，刺痛依舊沒有改善，這樣下去天黑前一定到不了下一個檢查站。一小時後我停下來休息順便檢查傷勢，我拉開褲子，把手伸進襪子裡，右腳踝已經腫了起來，皮膚表面的溫度相當高，慘了，肯定是發炎，而且很嚴重。距離下一個檢查站應該只剩四小時的路程，我雙腳還能走，如果撐不住，還能用左腳暫時支撐，沒有立即急救的危險。我告訴自己沒有足夠的理由停下來，我沒有吃東西，再吞了一顆止痛藥，喝一杯熱巧克力就起身繼續前進。

接下來一個多小時，刺痛感減緩一些，感謝老天，我終於得以繼續趕路。雖然止痛藥發揮效用，但依然抵擋不住疼痛，也影響了我的情緒，這時脹氣與胃痛也來參一腳，讓人痛得無以復加。我邊走邊破口大罵，我知道除了繼續前進以外，沒有其他方法，這種環境下也無法冰敷，難道脫鞋把腳插入雪中嗎？馬上就凍傷了！真是個蠢主意。我索性漫無章法地亂

我在冰河與森林間交錯跑著，不同地形的賽道也提升了比賽的難度。

罵，因爲我知道徹底發洩完之後，情緒才會恢復，接受現實，然後繼續前進。

又過了兩個小時，我感到自己意志力驚人，不管痛到什麼程度好像都已不放在心上，我依然繼續前進。我不是那種會因爲腳痛、胃痛而放棄的人，在這環境下我沒有時間同情自己，我能夠忍受，而且克服一切困難，我深信不疑，從來沒有動搖過。

感覺時間過了好久好久，我開始疑惑究竟還要過多久才能走出這片樹林，步伐的節奏也因單調無聊而開始混亂起來。走在育空冰河，幾天下來只有白色，沒有任何顏色，連植物的綠意也沒有。我的世界在這裡只剩一片極白，儘管我鎮定心神繼續前進，卻不時感到頭昏眼花，不斷喘氣。

三個小時過去了，到底檢查站在哪裡？我依舊穿梭在冰河與森林山徑，我想好好睡一覺了。一個下坡後前方出現了橋，好不容易看見其他東西了，橋……？遙遠的前方我好像看見……橋？但是離我相當遠，我在腎上腺素刺激下急速前進，這時已經四點了，距離天黑只剩下一個小時，我繼續趕路，但是好像一點也沒有拉近的跡象。

我穿越橋下，接著聽見一輛車子駛過的聲音，忽然感覺文明似乎已是另一個世界。我終於抵達 Carmacks 第四檢查站，是一間大房子。太好了，經過了漫長的一天，我只希望好好躺下來休息，口中不斷重複說著：「我需要睡覺，我需要睡覺。」我彎身壓著雪杖，試著讓腰稍微舒緩，噢……天啊，我的腰和腿僵硬如鋼鐵，稍微輕壓腳踝就很痛，喘了幾口氣後，才拾回力氣拖著雪橇慢慢走進屋裡。

陡坡讓已負擔很重的腳踝更加刺痛，我吃了好幾顆止痛藥，咬牙繼續前進。

09 身處大自然，用野性求生 CP5

Carmacks 是當地的娛樂中心，室內大又舒適，我將雪橇拖進去，解開雪橇束帶後一坐在板凳上就幾乎不想動了，舉止都像慢動作。拿到我的第二補給袋，我開始淘汰一些用不到的裝備，減少電池數量，並把雪橇裝備袋全部打開重新整理。雖然身體已經疲憊不堪又疼痛，但我潔癖的習慣又來了，什麼東西都要排列對齊放好，極度疲累時，保持物品整潔有序可以讓我恢復內心的秩序。

補給袋中有一樣非常重要的東西：乾淨的羊毛內衣褲。連續幾天沒有洗澡，加上大量流汗，身上已有一股原始的味道，加上在外拉肚子不可能完全擦乾淨，我把褲子、襪子脫下來時味道四散，讓眾人瞬間後退了幾大步。我上樓走進廁所，威力如原子彈般砰砰砰盡數發洩，我徹底拉個痛快，馬桶好像快被我震破，味道連自己都感到驚恐，久久消散不去，外頭要上廁所的人一開門，停頓幾秒後，就都慢慢關上門離開，我想貞的是很嚇人……

接著我盯著廁所的鏡子，只看到一雙充滿血絲的雙眼，一陣子沒看到自己的臉，感到有點陌生，我決定徹底清潔一番。刷了牙，用洗面乳洗了臉，用冰冷的清水整理油膩膩的頭髮，身上終於散發出了一些香味。然後我徹底更換了第一層內衣褲，彷彿換了個人似的，感到無比清爽。這麼做的原因很重要，進入荒野一段時間後，感官會和現實社會脫節，藉由簡單的盥洗與換上新衣服，可以讓身心暫時回到文明喘息。光是讓身體恢復整潔與乾淨，就令我感到無比喜悅。

能滑到終點嗎？

Mark 早在我九十分鐘前抵達，我盥洗完後他已經準備出發，我很想跟上去以拉近距離，但是身體告訴我，不行！我需要休息，再強迫自己下去，很可能還沒完賽身體就先倒了。

抵達第二補給站 Carmacks。

我重新整理補給袋，維持物品整潔有序，可讓我暫時恢復內心的秩序。

我發現雪橇上有一點水，室溫讓我所有裝備袋上的結冰都融化了，尤其是最重要的睡袋。糟糕，竟然沒有想到，我趕緊拿快乾巾吸水擦拭，還好沒有濕透到羽絨裡。吃了奶油牛肉麵與熱巧克力補充熱量後，我立即治療我的右腳踝。我去垃圾桶找了一個寶特瓶裝水後丟到門外讓它結冰，再拿進室內以彈性繃帶綁在右腳踝上冰敷，在什麼都沒有的情況下做成冰敷袋使用，至少可以稍微減緩發炎的症狀，儘管外頭是零下三十幾度低溫，但總不可能直接把腳晾在窗外冰敷吧。

我躺在牆角抬高腿冰敷，讓受盡折磨的雙腳暫時放鬆，並趁機補眠。但由於光線太亮，我換到一個沒有燈光的安靜處，並將手錶設定九點起床。我計畫好好睡足三小時再出發，然後徹夜不眠繼續趕路。但只過了四十分鐘，我就被「咚！咚！」一聲聲巨響吵醒，原來我正睡在冰上曲棍球的室內觀眾台。接下來我都保持在不斷被驚醒的淺眠狀態，睡眠品質很差，心想這樣只會讓自己更累，於是爬起來整裝繼續出發。這次睡了一個半小時，應該足夠讓我撐過這個晚上。

冰敷的效果有限，不過至少腳踝稍微消腫了一點，比較不那麼痛了。我試著按摩如石頭般僵硬的雙腳，伸展下半身的肌肉，並用繃帶把腳踝包起來限制角度，盡可能避免傷勢擴大。

外頭已經天黑並下起大雪，溫度降得更低了，還颳著風。晚上九點我開啓頭燈，打開玻璃大門，拖出已重新補給食物與裝備的雪橇，身體感到相當吃力。

剛出發時體溫都會較低且容易覺得冷，必須先穿上羽絨外套小跑步或快走一至兩小時。有時溫度太低，則至少要熱身三到四小時，才能透過身體活動讓體溫變高，再脫下羽絨外套維持競賽的體溫，這些都是例行性的標準安全動作，不能太暖，也不能太冷，基本上要長時間讓身體處於稍微寒冷的狀態。

地圖顯示，剛出發時會先經過一小段較大的公路後，再度進入樹林小徑。公路很大，也很平穩，而且是微微的下坡。我靈機一動，拆下雪橇腰帶，往後走到雪橇旁，跨坐在中間，兩手握緊雪杖來推進，立刻變成了一部雪橇車！雪橇發出喀喀聲，開始慢慢滑動了。哇喔喔喔喔喔喔~真的滑起來了！太好玩了！而且我可以藉由左右移動臀部的重心來稍稍控制

在樹林小徑雪地上滑行，雖是沉悶賽事的一種調劑，卻也導致雙腳發炎劇痛。

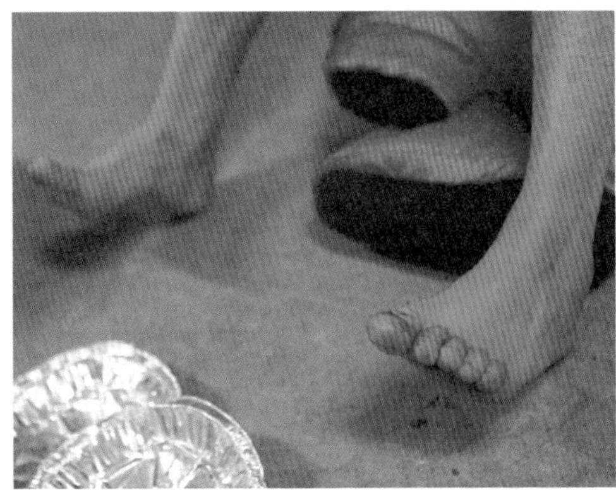

當我的腳踝傷勢越來越嚴重，其他選手卻已凍傷棄賽，令我怵目驚心。

方向。人工雪橇車的速度越來越快，頭燈光線照向前方二十公尺的距離，正下著雪呢，我異想天開地想，如果可以一路滑到終點多好，但才開心沒多久，賽道就變回平地，只享受了一段短暫的歡樂時光。

離開檢查站後三小時，睡意卻越來越重，我心想照理至少能和前幾天一樣撐到早上才對，而且剛剛也有休息，但不知道爲什麼睡意很快就侵襲了我的身體。我不斷反省自己，如果去年的訓練做得更扎實就好了，在比賽中無法控制自己時，我總是會不斷地檢討過去。

走路已經開始搖晃有點不穩，我試著想保持清醒，但眞的再也撐不下去了。半夜三點半，我在道路靠山內側角落的壕溝停了下來，決定趕緊把睡袋、睡墊塞入 Bivy 露宿袋裡小睡兩小時，五點再出發。

全身鑽入後拉緊睡袋拉鏈倒頭就睡，今晚選到了一個平坦的好地點。正當要睡著時，大風不斷吹打帳篷，吹進露宿袋裡的寒風冷得我直發抖，但是我已經沒有體力再爬出去剷雪，製造擋風牆和調整帳篷位置了。於是我把帳篷拉鍊處往下壓，再用羽絨外套壓在拉鍊處，想說這招應該管用，但又擔心會窒息……突然周星馳的《少林足球》電影台詞出現腦中：「球，不是一個人踢的。」我大笑出聲，看來眞的已經累到語無倫次了。儘管外頭風雪用力吹得帳篷啪啪作響，太過疲憊的我仍然在大自然的折磨中墜入夢鄉。

舌頭的遊戲

眼睛睜開，一片漆黑，我以爲才凌晨四點，看了一下錶，幹！快早上八點！我睡過頭了！完蛋了！竟然睡了五個小時！打開頭燈，我慌張地鑽出露宿袋外，左右張望，一整夜風不停，夾雜著雪粉，還好沒有颳起令人擔心的暴風雪，不過外頭一樣天寒地凍，風雪四處飛揚。

我奮力拉上羽絨外套的拉鍊，穿上結冰的跑鞋，迅速收好裝備上路。右腳踝依舊刺痛，我將重心放在左腳，避免讓右腳負擔太大。這個傷也許會好轉，也許不會，我只能試著去接受它，再痛也要告訴自己沒事。我想完成這場比賽。

接著我感到飢餓，飢餓感比前幾天還提早到來。唾液不斷分泌，我伸手從腰部的食物袋中拿出巧克力，「喀！」一大聲，阿娘喂，我的牙齒差點斷掉變「哈麥兩齒」，零下三十八度的巧克力硬如冰塊，還好我特地在賽前將巧克力與牛肉乾切成小塊，不然賽後我可能要裝假牙了。如果在這裡舉辦吃甘蔗比賽應該很過癮，或是吃芭樂，不不不，那太硬了，核桃呢？

荒野中沒有任何氣味。沒有交通廢氣的味道、沒有食物的味道、沒有人的味道、沒有下雨潮濕的味道、沒有草的味道、沒有樹木的味道……人在都市所熟知的氣味，彷彿都被遺忘了。在這裡味覺派不上用場，不斷吸進鼻腔的只剩下寒凍的空氣。

長時間在極地零下三、四十度，身體所吃下的食物與營養往往會流失，一天最少要吃

零下三、四十度極低溫環境，每天至少要攝取四千五百大卡的熱量才足以維繫生命。

四千五百大卡的食物，吃什麼、什麼時候吃、吃多少、什麼時候喝水，都是一門學問。身體一定會飢餓，血糖一定會變低，頭一定會暈眩，情緒一定會因飢餓而受到影響，但是要努力讓身體適應，強迫心理接受。就像雪橇犬一樣，吃得很少，卻可以長征好幾百公里。在這裡你不是人類，而是回到大自然的野性動物，試著活下去。

我邊走邊把一塊巧克力放入口中慢慢將它融化，外層的巧克力，以及裡頭包覆的花生和奶油味浮現，我竟然還嘗得出味道！接著再吃結冰的小熊軟糖，不同顏色的軟糖有橘子、蘋果、可樂口味……我試著感受不同的味道，讓軟糖的香味打破我身旁環境的單調無趣，並讓這種改變稍稍再持續好一陣子，我就這樣沉醉在每一顆不同口味的軟糖裡。

最後我將一塊結冰的牛肉乾放入口中，用唾液與舌頭的溫度慢慢將它融化。我不斷咀嚼，沒有立刻吞下，透過唾液分解牛肉乾，慢慢感覺肉汁的甘美與纖維的嚼勁，我先吞下肉汁，再吞下牛肉乾，喔！味道眞的很棒，這竟成爲我吃過最好吃的牛肉乾，也提供了所需的蛋白質。牛肉乾在胃裡消化較久，容易產生飽足感，也不易感到飢餓。

有時爲了排解無聊，我還會將食物放在嘴裡把玩。食物在我口中不斷旋轉，頂到上顎、下排牙齒，或在左右兩側繞圈，我盡可能讓口中充滿食物的觸感與氣味。我會把堅果咬到極碎，幾乎糊成堅果泥那樣再吞下，或是用舌頭頂著軟糖來洗牙。我發現咀嚼的次數，咀嚼的時間，會讓食物產生截然不同的滋味，這是在城市中所無法感受到的，就這樣我度過了一個多小時。

在這種極地的寒凍環境下，我為了生存大部分選擇的飲食都不健康，但都確實提供我大量的熱量：巧克力（士力架、Twix、七七乳加）、綜合堅果葡萄乾、軟糖（小熊軟糖、QQ軟糖、嗨啾水果軟糖）、牛肉乾等四大類食物，這些被認為沒有營養的零嘴，卻成了我在極地保命的重要食糧。

水分調節

清晨氣溫很低，不斷從口中吐出的濃濃霧氣，在我的帽子與面罩上結冰，也是我不斷流失的水分之一。極地競賽中水相當重要，人體重量包含約百分之六〇至七〇的水，是身體組成的重要物質，功能包含運輸、代謝、滋潤、平衡體液、調節體溫。身體在運動過程中會透過汗水蒸發方式來調節體溫，身體每蒸發一公斤的水，會散發五百八十大卡的熱量，因此若在長時間運動中大量出汗又未適度補充水分與電解質來維持細胞間異體成分的平衡，很容易發生脫水現象。尤其是在極冷的環境下進行長時間的耐力運動，汗水流失的水分將明顯增加，而人體缺水超過百分之二會感到口渴，流失百分之十左右健康會出狀況，百分之二十則會呈現脫水狀況，甚至死亡。

我擁有兩個兩公升的保溫瓶，共四公升，換算距離大約六〇公里就會喝完。然而幾乎每個檢查站都超過這距離，越後頭的檢查站距離越長，水量幾乎不夠，所以只要我喝掉超過半瓶，就會抓幾把雪補充到保溫瓶裡。我相當清楚目前的環境與身體狀況，即使幾天下來沒有喝多少水，但因生命體本身就能自我調節，當斷絕任何水分進入體內時，排出的水量也會相對減少，所以我有時也會觀察尿液的量和顏色，來留意身體狀況。

究竟要科學地訂定計畫？還是相信大腦與心理的直覺？參加這種比賽不可能舒服的比完，我得面對嚴重睡眠不足的痛苦、寒冷的環境、後方選手追趕的壓力、漫長的黑夜、一個人的孤單寂寞、吃不飽、常口渴、想多帶一點食物與水但負重越重越耗費體力……吃多一點就越痛苦，餓一點反倒較輕鬆，必須找到平衡點。競賽中很多道理都和人生一樣。

距離最後一個補給袋要再過兩個檢查站才能取得，還有一〇六公里，我冒險只補充了一點食物，減輕三、四公斤重量後開始趕路，也趁機追趕與前方選手的差距。下午兩點，約五個小時沒有進食與喝水，沉沉的睡意湧上，頭有點暈，開始感到飢餓。此時身體處於相當痛苦的狀態，但我想只要心理上還撐得住，盡可能滿足身體的最低需求就夠了。有時我將兩支雪杖合起來撐在地上，彎腰將頭靠在手上，閉上眼睛喘口氣，張開眼發現已小睡片刻，這個方式可以有效改善頭暈。

覆雪的冰隙

下午三點多，路線從狹隘的樹林小徑進入寬闊的冰河。看著賽道標記插在冰河中間讓我有點緊張，冰河結凍擠壓散落著相互堆疊的巨大冰塊，像冰的迷宮，四周冰塊高低起伏，有時和我一樣高，我在其中爬上爬下，一面擔心迷路，還要小心被銳利的冰柱刮到。

攀爬時雪橇會不斷大力撞擊冰塊，砰！咚！我深怕雪橇底部會裂開，每當從冰層爬下來往前走時，都會先減緩速度，轉頭讓雪橇盡可能撞擊的力道輕一點。但冰層中央還是有一些較小突起的尖銳冰柱，每次拖過雪橇，都會聽到大聲的刮擦聲「喀～～」，我一聽到就直冒冷汗，深怕雪橇裂開，那可就真的完蛋了。爲了防範這種狀況，我出發前會將大力膠貼在雪橇底部中間和兩邊外側，並塗上油和膠質，增加摩擦的保護層，這是前幾年在磁北極、北極點、南極洲比賽學到的經驗。

不過這些保護也抵擋不了多久，銳利的冰層太多，兩小時後，雪橇底部出現了好幾條深刮痕，還有些小裂縫，雪橇像刨冰機一樣裡頭慢慢積雪，我無法修補，只祈禱能撐到檢查站再想辦法修理。

思索到一半，我左腳一個跨步踩上了覆雪的藍色冰塊，跑鞋發出「滋～」一聲打滑，我騰空跌了個跤，頭差點撞到右側的冰柱，還好我有用手保護頭，否則一定撞出血了。不過臀部也撞擊到堅硬的冰塊，「唉呦……我的媽……」，右側腹和臀部撞得相當疼，但我沒有立刻爬起來，坐在冰上揉了揉屁股，接著仰望天空，忽然大笑出來。

冰塊與冰塊間常有冰隙，但因被雪覆蓋而看不見，讓我好幾次都差點滑倒。接著黑夜再度籠罩，冰河特別難走，凹凸不平的冰塊在頭燈反射下很容易讓人迷失方向，有幾次我走到一半必須停下來，走回去看上一個標記指示的方向。而今天的雲層很厚，幾乎沒有月亮的餘光，開啓頭燈沒多久，噁心的嘔吐感又再度湧現。

離開狹窄的山徑後進入一片廣闊的冰河，十分壯麗。

銳利的冰層不僅容易刮壞雪橇，跑在浮動的冰層上也相當危險。

「嗄吱」「嗄吱」……腳底下發出聲響，沿岸的冰河沒有完全結冰，感覺得到還在上下浮動，往下沉的同時冰河的水還會溢出來，可以看見冰層裂縫下的河水，我正走在好幾塊浮動的冰層上！溢出的河水滲入我的跑鞋底部，襪子底部都濕了，再繼續待在上頭可不是好主意，我稍微加快速度離開這危險區域。

沒多久，黑暗的遠方似乎出現了一個小小的光點，隨著冰塊的上下起伏，光點一下消失一下又出現，我睜大雙眼開心地歡呼，甚至激動想哭。我花了二十二個小時又三十五分鐘才抵達檢查站，賽程只剩下最後三五〇公里了。

我在想什麼？

只要一離開檢查站，時間會再度變得漫長，是一段最少十二個小時的孤獨路程。許多人會問我，這段時間你都在想什麼？要如何讓大腦不抱怨自己的處境？well，我只能說任憑大腦發揮，想去想什麼，就去想什麼，然後投入在裡頭，順著思緒紛飛，不要抵抗，就會慢慢忘了時間的存在；也有可能大腦會關機進入很長的一段沉靜狀態，感覺不到任何意識與和自己的對話，讓身體呈現機械性的動作。「這裡的樹木都幾年了呢？」「應該是要看樹輪推斷吧？」「扎到雪地裡的樹根能夠吸收水分嗎？」我偶爾會丟個問題給自己，然後陷入這個謎題開始思索，自問自答。其實這個方法相當管用，不知不覺中就過了兩到四個小時。

我都吃什麼？

雖然我有準備高熱量的太空包脫水食物，在雪地只需要加入熱水十五分鐘後就可以食用，其中包括咖哩牛肉飯、義大利肉醬麵等口味，但要停下來煮沸熱水，最少要花上一個小時，實在很浪費時間，所以我只在檢查站才會吃這些脫水食物。一般行進間，我都是食用行動糧或零食，當然這是個人的選擇，因為每個人的口感和喜好都不同，而且還要考慮營養價值、升糖指數、熱量密度（卡路里／公克）、空間密度（卡路里／體積）、保存期限、耐溫耐冷、分裝等因素。

在極地的單調環境前進是一場孤獨、
與自我對話的旅程。

10 極光的禮讚 CP6

「來了！彥博來了！」「彥博！沒問題的！辛苦了！巴豆ㄟ夭謀？」我靠近檢查站，出現了幾個頭燈，還有熟悉的台語口音，但不是攝影師世軒的聲音。是我的幻覺嗎？我喘口氣後回過神，疲憊地問：「台灣人嗎？」

「對啊，台灣人，ㄅ丸郎～」

「你們怎麼會在這裡？」

「等你啊！」

我思緒紛亂，怎麼會有台灣人來到這個荒野，才知道是兩位在加拿大工作的台灣人特地前來為我加油。

「天啊！這裡無敵荒郊野外！你們怎們來到這裡的？」我開心又驚訝地問。

「我們知道你來這裡參加這場瘋狂的比賽，上網查詢你GPS的位置與移動速度，推估你大概會抵達的時間。由於太晚到上一個檢查站沒遇到你，今天很早就出門，開了三個多小時的車才找到這個檢查站，眞的是有夠偏僻難找的，什麼路標都沒有，我們在森林裡迷路好幾次，還怕沒油呢！不過現在看到你，覺得一切都値得了！」

聽到這我差點掉下眼淚，心中滿滿的感動，原來不是只有我獨自一人在比賽，包括我的家人，還有很多人透過我的GPS定位關心我的狀況。

我們在外頭忍不住聊了起來，差點忘了要趕緊進去休息。沒辦法！滿滿的台灣人情味，沒有什麼比這更棒了。

紓壓，用說的

我將防水外套、頭套、面罩、手套、鞋子、襪子全部脫掉，掛在暖爐上烘乾。我一邊吃著兩份脫水食物，一邊把握每一秒說話的機會，把我一路上遇到的事情與內心的壓力統統說出來，不然再繼續囤積在心裡，眞的會瘋掉。

「彥博，你這段路比之前慢了一點，後面的選手追你追得很緊喔。」

的確，在 Ken Lake 檢查站我多睡了三小時，昨天睡了五小時，總共浪費了八個小時。同時我的體能與身體狀況不斷下滑，讓我和前方選手的差距越拉越大，這樣一來，至少要整整兩天不睡繼續趕路才可能追上。而後方選手看到檢查站的時間，發現與我的差距大幅縮短，一定會想盡辦法趕上我。可能是空氣太乾冷，我開始不時咳嗽，暗暗祈禱不是感冒，只要出一點狀況，隨時都有可能被追過，甚至棄賽。

我坐在暖爐旁的椅子上小睡一小時後再度準備出發，兩位台灣朋友特別塞給我威士忌巧克力補充熱量，這簡直是精神糧食啊！晚上九點半，我在台灣朋友與攝影師世軒的加油祝福下離開，心裡湧起一股暖意，也再度燃起鬥志。距離下一個檢查站四十二公里，我打算撐到半夜三點再休息，這五個小時內我務必要加快速度以補回時間，不能再出任何差錯了。

進入平原一小時後，前方竟然出現光線，而且持續發光。前方有選手嗎？他應該在休息進食，我有點激動，開始加速狂追。隔了一陣子，感覺沒有變近的跡象，但光線還在。通常選手回頭才會看得到頭燈，在零下氣溫的深夜裡，難道他坐在那……等我嗎？是誰呢？還是準備要紮營休息？但這不合理，Mark提早我六小時出發，是路人嗎？還是車子？

我胡思亂猜，但不管如何這個光線都讓我感到安心。我無意識地不斷走近，一股安心感讓我出現了非理智的行動，很想靠近「他」。越往前光線越強，也看得越清楚，原來只是一盞電力站的投射燈，並不是我期望的「人」，心中感到些許失落。

有兩個在加拿大工作的台灣人特別前來為我加油。

我是第六個抵達檢查站的選手。

進入樹林小徑，黑夜裡一片寂靜，只聽到跑鞋摩擦雪地的聲音，腳踝的刺痛感依舊強烈。頭燈射出的圓錐形光束隨著我的身體動作不斷搖曳，是黑暗中唯一的光亮，原本只容一人通過的狹窄小徑開始出現顛簸，上下起伏、左右急彎，讓這股光亮在我眼前不斷變化飛舞。

我突然開始感到厭惡和排斥眼前的所有事物，我受夠了耳中不斷傳入的跑鞋摩擦雪地的聲音，連續幾天下來這聲音完全沒停過，而頭燈光線讓視覺範圍變得非常狹小，看起來一閃一閃的似乎快要沒電了。更糟糕的是，在頭燈光線下保持專注與穩定的速度努力前進的我感到眩暈，沒多久，我又再度湧上噁心感，直逼腦門和喉嚨，而且越來越嚴重。我回想自己在上一個檢查站已補充許多水分，不可能是脫水，也許是頭燈造成幽閉恐懼症的緣故。

音樂治療

就當我快要吐出來的時候，我趕緊坐下來短暫休息五分鐘，同時關掉頭燈更換電池。眼前一片漆黑，伸手不見五指，我把手摸進羊毛褲內側拉鏈找到保溫的電池，憑著觸感把

頭燈在一片漆黑的雪夜中指引選手方向，但也容易導致幽閉恐懼症。

我精疲力竭地躺在暖爐旁小睡二十分鐘，是整天唯一的睡眠，隨即出發追趕前方選手。

三顆三號電池拆下換上，光線終於恢復了。我接著從胸口拿出這次比賽中最奢侈的法寶：MP3隨身聽，開始播放五月天的搖滾樂。只聽耳機傳來：「我和我最後的倔強，握緊雙手絕對不放……就算失望不能絕望，我和我驕傲的倔強，我在風中大聲的唱，這一次爲自己瘋狂，就這一次，我和我的倔強。」我把情緒融入音樂中的吉他聲、鼓聲，開始大聲嘶吼唱歌，噁心感終於稍微減緩。適度的恐懼是健康的，仔細感受身體如何回應恐懼，也是件好事。

半夜一點左右，從樹林進入廣闊的冰河，哇！沒有任何光害，沒有任何雲層。我關掉頭燈，天空如鑽石般閃閃發光。五天以來，我頭一次看到這麼美麗的星空，對於從來沒看過那麼多星星的我來說，光是這樣仰頭欣賞就感到相當興奮。

冰河相當平坦好走，沒有雪覆蓋的冰面幾乎沒有阻力，很輕鬆就能拉動雪橇。今晚又是一個氣溫持續下降的長夜，無風的冰河上沉靜得令人不安，彷彿隨時就要颳起風雪一樣。

一小時後，左前方串起一條很長的綠色氣旋，開始向四處延伸，在天際不斷舞動。極光！是極光！我開心地大喊！只見極光的綠越來越鮮明，像是有意識的生物體一樣持續向遠方流動。在那瞬間，我忘了比賽，忘了身體還在移動，疲憊一掃而空，腳也似乎不再痛了，我在看不到邊際的冰河上慢慢走著，極光就盤桓在頭頂上，我甚至能用肉眼看見極光後方閃爍的群星。

一百四十億年前宇宙大爆炸，產生的每個星系中有恆星、行星和各式生命。我仰頭看著天空的極光，冰河、星空和極光相映生輝，像一座色彩斑斕的巨大神殿。我打開雙手，慢慢地轉了一圈，極光與星空在我頭頂上環繞著，凝視得越久，彷彿連自己都能隨它離開地表、離開大氣層進入宇宙。一份飄然超脫的喜悅與感動，讓我全身雞皮疙瘩。一股無比沉靜與平和的力量從內心深處被喚醒，心好靜、好淨、好境，從來不曾有過這樣的感受。極境，令人感恩，感恩大地，感恩萬物，自然而然謙卑地對大自然祈禱與懺悔。這個夜晚，在一片黑暗、空曠的雪地中，我聽到了世界的聲音。

置身於嚴凍的寂靜荒野，眼前所見的大地透露出的荒寒、孤寂、憂鬱、簡潔、悲壯之美，極光群星在眼前舞動震撼人心，觸發人們的心靈，激勵人們尋求自我，同時深化人們的精神層次。這樣的景致給了我心靈上的享受與慰藉，我回想曾前往的荒野，沙漠、極地、高山，肉體是受折磨的，但我是幸福的。

孤獨的靈魂需要極境荒野的美的力量來支撐、點燃。我想起《浪人劍客》中宮本武藏的對白：

「不要停滯，不要多想。心不要停留在一處，心不要眷戀在任何事上，順水而流，對前景不要抱有任何期望，不是邁向未來，也不是回顧過去，而是讓這一刻不斷上演，也許就是這麼一回事吧，當下。

被一片葉子迷惑，就會看不見樹，

被一棵樹所迷惑，就會看不見森林，

不知不覺間，就會看見全部。

不捨於過去，就會錯失現在，
強求於未來，就會迷失當下。」

生命的真實

黑暗的冰河與荒涼之地，讓感官變得敏銳。我很快意識到，我所身處的地方是如此靜謐荒蕪，這輩子第一次如此長時間與世隔絕，有股奇妙的寧靜與安詳。自由，我開始體驗到一種前所未有的徹底自由，讓思緒奔馳，沒有任何約束。我讓自由控制了我的肉體，沒有任何限制，在我想到的時間，以我想到的方式，做我想做的事情。腦海浮現一道理性又冷酷的聲音，告訴我這就是眞實。

我從未如此感受過孤獨，儘管孤寂讓我有些驚慌，卻也賦予我力量。忽然間，一切都變得如此不同，這場令人煩躁痛苦的比賽不同了，出現了另一種意義。我深入感受，一切壓力與痛苦逐漸遠離，在這裡我只需對自己，而非向任何人負責，也不會有人來侵犯這世界。若我控制不了思緒，就會出現痛苦的感覺，但唯有在這一念之間，我可以獲得自由，這比什麼都更具意義。我感到一股力量在體內流動，那是熱、血液、力量。這就對了，我開始融入於大自然中，「吼～～喔～～！」我在冰河間發出嘶吼，今天的我，沒有極限。

我只是向世界借用了肉體，這是一段暫時的歸宿。肉體中保有靈魂的意識，當我衰老、死亡，肉體將成爲滋潤大地的養分，靈魂也將消散回到大地，沒有事物是永恆的、屬於自己的。無論貧富、年齡，沒有任何生命能夠將自己永久地保持在一種狀態中。萬物的變化與疏離，這就是生命的眞相，無常、無我。

橫越了幾個小時的冰河，即將進入樹林，我回頭凝視就要消逝的極光。今天，再見了。

原本計畫半夜兩、三點要紮營休息，不知不覺已經四點了。

「時間到了，你差不多要休息了。」

「好，再跑半小時吧。」

「半小時到了！停下來！停下來休息！該紮營了。」

「不！再跑十五分鐘吧。」

「十五分鐘到了！你該休息了！不要硬撐你這白癡！這個位置紮營不錯。」

「好！快天亮了，不如拚到檢查站吧。」

每天半夜都很難決定要睡眠的時間，我常常被自己氣到，總是想再多撐一下、多撐一下，能移動多少算多少，不撐到氣力用盡時絕不停下。

其實我也不確定自己還能跑多久，能跑多遠，不過既然都要天亮了，倒不如就這樣撐到檢查站吧。

不要停滯，不要多想。
心不要停留在一處，也不要眷戀在任何事上。
順水而流，對前景不要抱任何期望，
不是邁向未來，也不是回顧過去，
而是讓這一刻不斷上演，
也許就是這麼一回事吧，當下。

11 家，是唯一的方向 CP7

天色微亮，我徹夜沒睡趕路，雙眼充滿血絲、睡眼惺忪的抵達檢查站。

「嘿，Tommy。」一路領先最有機會在三二〇英里組奪冠的瑞士選手 Filippo，躺在椅子上一臉哀愁地看著我。「你還好嗎？我必須要睡一下，等會要不要一起出發？」我問。「不，我的腳凍傷了，大會醫生檢查我必須棄權，等會兒有車會來接我去醫院治療，我沒辦法繼續比了……」Filippo 把包覆在腳上的羽絨保溫套脫下，噢，天啊……腳趾整個腫起來，呈現大量血色，還有組織液不斷流出，「老兄，這可眞是糟糕對吧……」他很難過地說。

我在椅子上吃著脫水牛肉義大利麵，邊喝熱巧克力與他聊天，不斷請教我遇到的一些問題與裝備技巧。「Tommy，你很強壯，目前爲止相當不錯，嚴重的睡眠不足是很痛苦的，不過大家都一樣，保持你的信念，剩下的路不遠了，你一定可以完成比賽，把我的雪杖拿走吧，接下來有很多爬坡，你絕對會需要的，它能夠爲你推進許多力量，省下不少力氣。」Filippo 不斷鼓勵我，還把他不同款式的雪杖送我，並教我如何使用。

Pelly Crossing 是一間室內體育館，我拖著睡袋到角落倒頭昏睡，醒來時，我還誤以爲已睡到隔天早上，不斷追問大會人員，但其實我只睡兩個小時左右。可能是難得能在安靜的室內就寢，讓我進入了極度熟睡狀態，還以爲睡了一整天，一場烏龍搞得大家哈哈大笑。

我總是希望能在天黑前抵達每一個檢查站，所以必須算好配速與休息方式。我不能浪費日照的時間，讓自己二十四小時置身在漫長痛苦的黑夜當中，那簡直是地獄。看著我的名次領先在前五名，我一刻也不想浪費，滿懷希望立刻啓程。但這種情緒並沒維持多久，一段時間後我從冰河轉到一座橋上，四處看不到標記，還有一些車子不斷經過，我越想越不對，拿起地圖攔車詢問路線，此時大會攝影師 Martin 剛好騎雪上摩托車經過，告訴我路標有誤，可能被人移動。整整浪費了我四十五分鐘的時間，我爲此氣憤不已。

化身恐懼的魔鬼

我使用瑞士選手 Filippo 給我的雪杖，與一般直立的雪杖不同，桿子很長而且是斜的，能夠幫助多一倍推力，以碳纖維與鈦鋁合金製成，杖尖還有阻陷版，可以分擔衝擊力，讓身體前進得更輕鬆。來的眞是時候。

上一個檢查站六十一公里我用十個半小時才完成，換算時間，我應該最晚要在晚上十點多抵達 Pelly Farm。一整天不斷爬坡，我感到身體比前幾天更加虛弱，才出發三小時就全身無力，疲勞越來越提前到來，小腿也快抽筋了，腳踝越來越痛，而且開始咳嗽，每一天身體狀況都在下滑。

坡度極陡，很折磨人，我不斷冒汗，每爬十五分鐘就必須休息，速度也落後太多太多，每小時竟然只前進三公里。我保持步頻節奏，但上坡彷彿無止盡似的，每過一個彎後又是一個彎。

太陽下山後，寂寞隨之降臨，恐懼從後方籠罩著我，我打開頭燈繼續奮戰，鼓勵自己加快腳步，一想到半夜可能趕不到檢查站，就讓我倍感慌張。這段上坡還在繼續延伸，我只能一小步一小步慢慢前進。我相信自己已經落後了四、五個小時以上，到底還要走多久，還有多長、還有多遠……

棄賽的瑞士選手送我的雪杖功能很強，有助於身體推進。

恐懼是魔鬼，他會屏住氣息，在黑夜中靜靜地注視你，一步步逼近，盤繞在你四周，然後慢慢侵蝕你的心，直到將你吞噬。他從不直接採取行動，而是固執地守在你身旁，直到你決定逃離的那一刻。

要怎麼做，才不會害怕？

要怎麼做，才能逃離黑暗？

要怎麼做，才能驅逐這噁心感？

每晚的不安、懦弱、恐懼、逃避、畏懼，揮之不去，我痛苦地想，這樣的我，憑什麼長征橫越這極地七〇〇公里？就算我完成了，卻什麼都感受不到，只是死命拖著身軀抵達終點，心靈依然停留在原本的階段，這歷經千辛萬苦的一切不都白費了！我要找到答案，正視這份恐懼，然後超越原來的自己。

我喝了三公升的水，吃了些巧克力，在如此乾燥的空氣中大口喘氣難免會脫水，而我的喉嚨也已經乾冷沙啞不斷咳嗽。

體力像是被掏空時，我會不斷對自己重複：「我做得到。」

我跑在零下三十二度的危險冰面，加快速度追趕前方的選手。

不僅我的體能直線下滑，長時間待在零下四十度的環境，連塑料都脆化了，Goer-tex 外套也結凍，一不小心過度彎折就會裂開，衛星定位與頭燈也快沒電。這個晚上發生的狀況不少，要擔心與解決的事情很多，我無法一心多用，決定先煩惱最該優先處理的事。

越往北方移動氣溫越低，晚上十一點多，我依然看不到檢查站，持續穿梭在山徑。疲憊到眼皮快睜不開，甚至有時閉著眼在趕路，我知道這樣相當危險，記得海上專家曾說：「好的航海員在有睡意前會先補眠，在生病前就會治療好自己。」我了解，但我知道現在距離檢查站只剩幾個小時。

頭昏得越來越厲害，我垂下手

臂，硬拖著身體前進，「休息吧……休……息……吧……」，這是幾天來我第一次對自己勸降。不！如果現在紮營的話也未免太早了，我還能再多走幾公里！但沒隔幾秒，我就抵擋不住疲倦和睡意，這時頭燈一明一滅，電池快要沒電了，我很快就要陷入一片黑暗，到底離檢查站還有幾公里？

「我做得到，我能夠再撐一下，我做得到，可以的，我做得到……」，每當我覺得虛弱無力，體力被掏空時，就像唸咒語般不斷重複這句話。這並非是對自己或別人虛張聲勢，而是要振奮我的潛意識，直到達成目標。對我來說，這是每一天最艱難痛苦的時候，和自己妥協，說服、戰勝，然後相信自己。對外界的恐懼，一股發自內心的極度恐懼逐漸擴大，影響我的感官與心理，我只能奮力一搏，從內心深處反擊，和它抗衡。沒有借鏡，沒有捷徑，這是一段最漫長的痛苦過程。

回憶的漩渦

「嗄吱」……不斷往前插入雪地的雪杖，濺起無數雪花。

二月九日，賽程將近五四〇公里處，食物和保溫瓶裡的水已所剩無幾。「呼、

頭燈忽明忽滅中，我仍繼續跑在這片漆黑的雪夜裡，強烈的恍惚，暈眩感籠罩我，不知何時才能逃離黑夜。

呼……」喘氣吐出的一團團白色霧氣在我面罩旁結成冰，氣溫更低了，爲了追趕前方選手，我奔馳在零下四十二度的山坡上。

這是世界七大洲八大站極地超級馬拉松，第七站加拿大育空七〇〇公里極地橫越賽，是我挑戰難度最高的一場賽事，也被評爲全球十大最艱難的賽事之一。我爲這場比賽準備了好幾年，也期待很久，但此刻置身此地，極度的疲勞與隨之而生的噁心感，讓我開始憎恨起它。但我相信離終點已經不遠了，就算體能耗盡，我不顧一切也想撐到最後。

黑夜，是一種通往內心深處的媒介。處在漫長的孤寂狀態，會讓人沉思，進入曾經遺忘的深層回憶中，並再度喚醒它。此時必須赤裸地面對它，以自己最眞實的情感，沒有頑固的抵抗，不去隱藏。

國小考試時，常常因爲分數不及格挨打，少一分就被一下皮帶或是水管伺候，總是打到我哭天喊地。每次老師報分數時，我都緊閉雙眼不敢聽到自己的名字。即使我努力想念好，但在班上的考試總是排在倒數，最後連自己都慢慢對自己感到失望。之後我開始害怕段考，想逃避考試，當時的我僅能從美術課與體育課中找回一點自信。老師們常常用分數來評比學生，每當講到體育選手頭腦簡單、四肢發達時，我總覺得像是在說我，同學們偶爾也會用異樣的眼光笑著看我，讓我在教室不敢抬頭。我很想努力，但漸漸失去自信，老師常說：「書都念不好，以後還有什麼做得好。」我一直以來都無法接受這句話。我覺得分數，不代表人生。

我們家屬於傳統的務農家庭，爸媽對家裡三兄弟的要求都非常高。小時候我的國文不及格，媽媽先用皮帶抽了我一頓，然後氣沖沖地罵：「不及格就算了，字還寫那麼醜，以後怎麼見人！怎麼出人頭地！」我氣不過就回嘴：「又沒關係，爸爸的字也寫很醜，妳爲什麼只要求我！」媽媽聽到後又氣又苦，哽咽地對我說：「你這不懂事不孝的小孩！你知道爸爸爲了養活家裡有多辛苦嗎？你這做兒子的憑什麼批評爸爸！白養你了！」

於是眼眶中泛著淚水的媽媽打得更兇了，皮帶抽在我的身上、手掌、腳底，我不斷哀嚎、慘叫，希望媽媽可以停手，心中還是滿滿的不甘心。之後我才知道，六〇年代於雲林出生的爸爸，家境相當貧困，從小就要下田，每天還去工廠上工分擔家計，買紙筆、繳學費都

第一次無法與家人一起過年，想家的淚水在我臉頰上結成了冰。家，離我好遠……

很困難，更不用說好好念書了。他手中一個個厚厚的繭，都見證了他辛苦奮鬥的歲月。

拚命責打我的媽媽，心中唯一盼望的是我們未來不要像爸爸一樣辛苦。爲了那不經意回嘴的一句話，我感到愧疚，至今仍耿耿於懷，後悔自己曾這樣不懂事傷了父母的心……

半夜三點多，我將手伸進胸口的拉鍊，想拿出地圖確認位置與公里數。咦？除了地圖以外，裡面竟然還有一個紅包，啊！是潘教練在比賽前給我的，我當時放進胸口保平安。

看看手錶日期，育空時差慢台灣十五個小時，此時台灣已是除夕晚上六點左右吧，這是我第一次沒有在台灣與家人團聚過年。這個時間，阿嬤、爸爸、媽媽、哥哥……全家人應該正在雲林三合院的廚房吃年夜飯了，而我現在只能想著家鄉菜，吃著冷凍的牛肉乾與堅果……

又過了一個小時，半夜四點，大家應該已經在庭院嬉戲、放炮竹、玩煙火……而我卻跑在僅有頭燈的微薄光線所照射的黑夜中，而頭燈的電力快沒了……

一小時又過去，清晨五點，大家應該在客廳發紅包互道吉祥話了，而我依然獨自在漆黑的雪夜中奮戰，我對自己說：「新年快樂，要加油喔……」滾燙的淚水滑落臉頰，不知是因爲腳踝發炎的腫脹疼痛，還是想念家的安全感。

同樣的時間，不一樣的時空地點，不知道媽媽有沒有想我呢……我好想家……淚水控制不住，眼眶溢滿熱淚，連視線都開始模糊不清了。我試著想擦乾眼淚，但淚痕已在我的臉頰上結了冰。

回家，比完，就可以回到台灣溫暖的家了，我鼓勵著自己。

旅途，可以很遙遠；家，是唯一的方向。

被偷走的意志力

頭暈目眩，注意力已無法集中，眼看就要失去知覺時，我停下了腳步。清晨五點多，我已經撐不下去了……好冷……太煎熬……太痛苦，我暈頭轉向，隨意把雪橇卸下，開始生火取暖，接著立刻爬進 Bivy 露宿袋裡休息，我連拉上拉鍊的力氣都沒有。

我一百七十二公分，而露宿袋長只有二百一十四公分，寬六十六公分，高五十公分，是一道密閉又狹窄的空間。忽然間，我無法控制開始神經質地咒罵起來，接著又歇斯底里地大笑，又大哭醒來，身心就要瀕臨崩潰。

我參加這場賽事是爲了挑戰極限，卻發現讓自己陷入完全想像不到的困難處境。恐懼、徬徨、不安……今晚太痛苦了……我想，已經是極限了……

當我睜開眼看手錶時，感到很失望，竟然已經早上八點半了！我想不起來我是如何爬進露宿袋睡著的，彷佛是一場夢。我拉開露宿袋拉鍊，天空已經變成了淺藍色，我賴在睡袋裡不想動，覺得也許已被後方選手追過，有點喪失鬥志，緩慢地煮了一碗泡麵吃完後，收拾睡袋繼續前進。

也許我高估了自己，還沒有足夠的實力、經驗與歷練來完成這七○○公里的比賽；也因為自己的疏忽與懶惰，三次睡過頭，落後了至少十三個小時，與前方選手差距越拉越遠。我邊想邊走，難過得哭了出來，我害怕自己撐不下去，也害怕要再面對一次難熬的黑夜，但我連今天是第幾天都搞不清楚了，思緒好混亂……

就這樣前進一個多小時後，離開山區進入一片相當寬廣的平原，平原上坐落著很多小屋。我走進檢查站，過去幾天只要看到每一個檢查站，我都會興奮地歡呼，但這次只稍微感到開心，畢竟已浪費了不少時間。

原本打算快速整裝出發，工作人員卻對我說，七○○公里組別的每一位選手抵達這裡，都強制規定停留八個小時才能離開。我完全忘了曾在賽前聽過這件事，我感到懊悔且對自己更加失望了，不斷咒罵自己……

12 心存僥倖，足以致命 CP8

佩利農場（Pelly Farm）坐落在山谷中央，是只有五間木房的小村子。還沒抵達檢查站，就有兩隻狗引領我來到檢查站的木屋前，主人 Dale 也出來歡迎我。這是個很神奇的地方，在天寒地凍的五百公頃荒野上，只住著 Dale 一家五口。Dale 一家人相當友善，看到我雙腳腳踝發炎腫大，隨即拿出冷凍庫裡的一大包納豆作爲冰敷袋，相當親切地招呼、照顧我。

領先選手都已出發離開了，反而讓我幸運地獨享這個安靜舒適的空間。小木屋裡物品充足，和周遭的死寂環境形成強烈的對比，木造的房間、狗狗、食物、牧牛、烤箱、床……長時間獨自

佩利農場是平原上的五間木屋，抵達的選手們須強制停留八小時才能離開。

佩利農場像家一樣舒適，讓選手能安心休息。

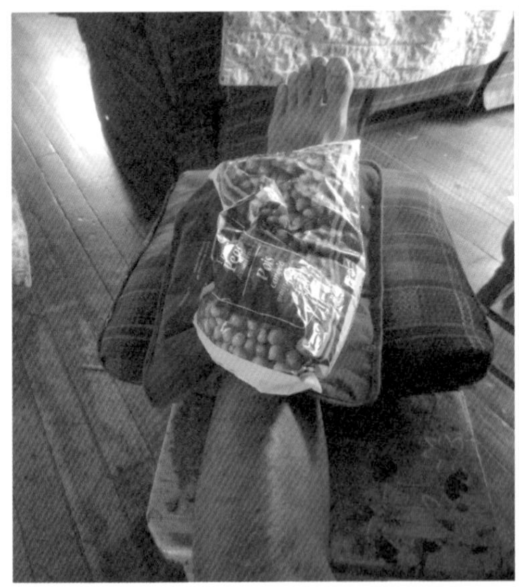

Dale 一家人相當友善，還拿出冷凍庫裡的一大包納豆讓我冰敷嚴重發炎的雙腳。

從荒野回到文明世界，床，是最美好的象徵。

一人待在荒野的我，此時像是初入文明世界一樣不敢置信，前一個小時我還在荒野瀕臨崩潰，如今就像是回到家一樣安心。

拿到最後一個補給袋後，我徹底清洗一番，感到神清氣爽。爲最後的一八〇公里做準備，我用食物與休息好好犒賞自己一番，吃了一碗焗烤牛肉麵、一包脫水食物、一碗泡麵、三杯熱巧克力、四杯柳橙汁，好幾匙花生醬後仍感覺不夠，吃到快撐不下了才停止。

看到眞正的「人」，就足以讓我鬆了口氣並感到安全。透過與人不斷交談、聽人講話的聲音，以及休息睡眠、吃不同的食物，暫時重返人類生活，幫助我回復思考，重新感受能量，情緒也才慢慢穩定下來。

由於抵達此站的選手體力都已快耗盡，加上剩餘的路線太艱難，最後兩個檢查站也將更遠，七十六英里、一〇一英里，所有抵達 Pelly Farm 的選手都會被大會強制留下來休息八個小時，我想起昨晚只差一個半小時就可以來到這裡，浪費了不少時間而自責不已。

黑暗中，反而看見全部

「Tommy，你昨天下午 SPOT 衛星定位就消失了，我們找不到你的位置，一直擔心發生意外，差點就出去找你了，是不是沒電了？」Dale 問我說。我竟然忘了檢查電池，GPS位置從昨天下午就消失，所有人都因爲找不到我而擔心。

「我們住在這好久了，這是我們的生活方式，黑夜雖然讓人陷入孤獨，心理上感到恐懼，但這世界依然沒有改變，有時在黑暗中，你反而能夠看見全部。事實上，你也度過了好幾個黑夜，來到這裡，已經做得相當不錯了！而在陽光下，這些恐懼又將再度消失，不是嗎？」

我很清楚自己其實是被嚇到了，克服不了恐懼，讓我鬱悶不已。我在這場比賽中不斷從錯誤中學習，找到問題、改進、克服、接受，然後超越。

Dale的太太帶我到小孩房休息，她餵我喝幾口熱茶後幫我蓋上被子，我突然想起媽媽。「快睡吧，後面還有好長的一段路。」她柔聲說。我躺下來閉上眼睛。

外頭講話的聲音把我吵醒，睜開眼一看已經天黑了。一開門發現外頭有五位選手已抵達了好一陣子，看來我被後面選手追上了，只有四個小時的差距。這下可

為我送行的Dale，他在我離開前的提醒使我獲益良多，對抗暴風雪。

好，再不加緊腳步真的就會被追上了。

由於最後兩個檢查站相當遠，我多準備了五〇〇ＣＣ的煤油煮熱水。走到戶外，天寒地凍，颼起了刺骨的寒風，我實在捨不得離開。Dale 帶我走向山徑，指著山頭說：「我有很重要的事情要跟你說，接下來我說的話你要仔細聽好，越往終點的北方前進會越冷，爬上山頂後風速會急遽增大，千萬不要在山頂和下坡迎風處停下來睡覺，那是風最強的地帶，也不要在清晨三至五點間紮營睡覺，那是一天中最冷的時刻，即使待在睡袋裡還是很可能會失溫。盡量繼續前進讓身體變熱，除非找到合適的避風地點再紮營。」

Dale 給了我一個擁抱，我向他道別轉身前進，接著聽到 Dale 對我大喊：「Tommy，前方有叉路，要往左邊小徑上山，不要右轉，那是三〇〇英里組別折返回去上一個檢查站的終點！」什麼？他剛剛說了什麼？一下子太多訊息，強風不斷打在我身上，我一時來不及思考。走沒多久，山徑入口果真出現兩條叉路，「左轉上山，左轉上山」，我對自己默唸。

走入蜿蜒的小徑，我開始攀爬上山坡陡壁。回頭望向山下的燈光，要離開溫暖明亮的檢查站再度走入這冷冽的黑暗裡，實在需要莫大的勇氣。但幾天下來我已能盡可能排遣所有的疑慮，一旦開始習慣黑暗，相信這種疑慮也將慢慢消失，我必須全心專注在目前正等待我完成的任務上。

要命的閃失

山坡的雪十分鬆軟，我彎下腰拉緊跑鞋的防水套，以防雪掉進鞋子裡，但衣服突然濕掉！該死！我壓到了掛在胸前的水袋背包軟管咬嘴吸取口，漏出半袋的水讓內層羊毛衣幾乎濕透了！不！這不應該發生的！我感到慌張，很快就會發冷了，怎麼辦？難道要回上一個檢查站烤乾嗎？但是我已經浪費太多時間了，沒有時間多想！我趕緊解開雪橇腰帶，把衣服全部脫掉換上備用的羊毛衣，這是我剩下的唯一一件，抵達終點前已經沒有任何替換的裝備了，若再發生任何狀況，我將讓自己置身於危險當中。

「哇，Tommy，你還好嗎？」大會醫生 Shelley 追了上來，剛好看到我上半身赤裸，「沒什麼，我剛洗完澡，相當好。不是啦，我的水袋漏水衣服都濕了。」沒想到這種時候我還開得出玩笑。「你要小心，水袋可是大問題，前幾年有選手抱著水袋在睡袋裡保溫，結果漏水讓他失溫棄權比賽。」

Shelley 超越我後，我把全身的服裝與水袋背包調整好出發，希望可以追上她。長時間獨處後，好不容易看到人時，我總是會感到力量與希望，都很想激動地問候：「Hey，你好嗎？」一來一往快速短暫寒暄幾句，是很棒的競賽禮儀，也確認彼此一切安好。這種溫暖能幫助我繼續獨處，直到下一個檢查點。

Shelley 才離開幾分鐘，應該還在我前方，但幾個小時過去，我卻追不到她，連盞燈光也看不到，算了，只好回到一人的狀態。我繞著山腰不斷往上，風越來越強，我的心跳也越來越快。我爬上光禿禿的、有點像是山頂的地方，強風有如颱風般似乎能把一切都颳走，四周一片漆黑，風聲從我耳旁不斷呼嘯而過，我緊緊拉起面罩，就怕在這風速下露出任何皮膚導致凍傷。我牢記 Dale 和我說過的話，長時間待在毫無遮蔽物的山頂絕非好主意，於是趕緊繞著山壁走下山。我同時告訴自己千萬要保持清醒，不能因睡意而停下來。

半夜兩點，我離開了風速地帶進入樹林，只見前方有雪橇和露宿袋，Shelley 已經紮營休息了，我悄悄地經過。「Tommy？咳咳，是你嗎？咳咳。」露宿袋裡傳出聲音，「對，我想再繼續一段時間，看狀況決定要不要休息，妳還好嗎？」「不，我感冒了，吃了一些抗生素，但還是不斷咳嗽，而且有點發燒，必須要休息，祝好運，晚安。」

極地超級馬拉松是好幾天的賽事，只要身體出現一點狀況，感冒或是腳受傷，都有可能會被迫棄賽。超越 Shelley 後，我也謹慎地觀察自己的狀況：

- 手指與腳趾些微凍傷，不算太嚴重，做好保暖就不會有問題。
- 咳嗽，應是天氣乾冷不斷喘氣所造成的，目前已稍微好轉。
- 肌肉痠痛，應是幾天來不斷使用所造成的緊繃疼痛。
- 最主要是腳踝發炎刺痛而且不斷腫脹，應該可以在終點前以消炎藥壓制住，目前看來藥量足夠。
- 每個夜晚心理所面對的極大壓力，尤其是晚上八到十二點的時段最是痛苦，因爲離日出還有十幾個小時，同時還必須克服恐懼與噁心感，但只要陽光一露臉就可以解除。

運動員這一行

我從來沒有這麼仔細去感受自己的身體，感覺心跳的力道、次數，還有血壓，對於身體狀況，身爲運動員的我相當敏感。

其實我的身體並沒有很好，高中胃穿孔九個破洞，二〇一一年接受咽喉癌雷射切除手術住院五天……不只這些，早在二〇一〇年前往南極一〇〇公里比賽前，熬夜製作企畫書、打贊助電話、四處奔波簡報、學英文、查看出國資料、訂購國外裝備、打工賺報名費等……我長期熬夜，一天睡不到四小時，有時甚至整晚沒睡還要進行高強度訓練。隨之而來的諸多壓力，我開始感到心臟不舒服，有時會突然刺痛、心悸，以及頭痛。之後心臟的壓迫感越來越明顯，我心想不對，趕緊安排超音波檢查，醫生說我心臟有後天性二尖瓣脫垂，這些症狀在出國比賽前這段最忙碌的時期尤爲明顯。

一路走來我很清楚，在台灣要走運動員這條路，要有連飯都吃不飽的打算。在還沒有成功前，要付出所有的青春歲月，豔陽、寒流、下雨，沒有假日，一日復一日投入訓練與準備。腳起水泡了，再練；起血泡了，再練；趾甲掉了，再練，腳趾長了厚厚的一層繭。

起初家人並不認同，甚至不諒解。我沒有抱怨，不在意旁人的眼光，爲了參加這些極地國際賽事，我知道必須盡最大的努力，付出最大的心血，讓自己變得更好。這份渴望促使我持續前進，無畏任何挑戰，代表台灣四處征戰。

半小時後，我決定小睡九十分鐘，半夜四點起床繼續前進。大多數夜晚我會因疼痛醒來三、四次，大口喘氣，有股窒息感。由於沒有吃多少食物，身體只得自我消耗來維持體力，我的手臂和雙腿漸漸萎縮，瘦得像竹竿。避開強風、維持身體健康，在這比賽可絕對不容易。

「滴、滴」「滴、滴」，手錶與睡袋內響起小鬧鐘聲，我在兩小時睡眠中所吐出的空氣已凝結在帳篷上，形成一層薄脆的白霜。我躺著，像蟲一樣蠕動，把第二層羊毛、第三層防水褲穿好，戴上毛帽，在這狹窄的空間中很難不碰到高度僅五十公分的矮小帳篷，每次一碰到，或只要一點點震動，帳篷內凝結的白霜就如雪片般朝我落下，全身罩上了一層白色結晶。

比起前幾天出發，我在整理裝備上也逐漸抓到要領，不僅輕鬆，速度也快上很多，感覺已經掌握與習慣這樣的生活。精神狀況也還不錯，也許是在上一個檢查站有好好睡上一覺，不過腳踝疼痛的程度始終沒變，還是難以忍受。

正午時分，太陽駕臨祂的寶座，陽光射入背風面峽谷小徑時，氣溫急遽升高，變得像悶鍋一樣；有時從山上灌下來的刺骨寒風又教人難以忍受，天氣變得異常詭譎，似乎有股危險正在逼近，而前方的冰層，已經開始融解……

午後光線變得微弱，我繼續穿越結冰的小溪與湖泊，光滑的冰面看起來隨時都可能裂開，應付這種令人頭痛的路段需要全神貫注，片刻都不能分心。這段路太可怕了，而我的體力已經快要耗盡，疲倦與濃濃的睡意令我頭暈目眩。

下午五點二十分，天色漸漸暗了下來，賽道蜿蜒在空曠的山丘上，迎面而來的風不強，但吹進脖子裡仍舊相當寒冷。腰痠痛的程度加劇，主要還是因爲雙腳腳踝長時間跑步與行進間碰撞所造成的發炎刺痛，應該能再忍受四〇公里吧，我想，等到了下一個檢查站再吃藥並稍作停留，在此之前，先別多想，繼續趕路吧。

致命的錯誤

路段開始出現一些沒有覆雪、些微裸露在表層的冰面，即便如此，光滑的表面還是很容易通過，只要小心別打滑就是。然而，一旁也出現了動物的腳印，除了狼以外，北美洲還有令人害怕的動物：狼獾（wolverine）。

出發前有工作員告訴我，五年前有一個獵人上山狩獵，沒想到狼獾突然從樹上出現，跳到他臉上啃咬，他的右眼被銳利的爪子攻擊導致失明，所以看到狼獾一定要避開，不要和牠對看，牠的攻擊性相當強。於是我戰戰兢兢地四處查看，並提高警覺。

越往前走，裸露的冰面面積越來越大，我不得不放慢速度。因頭燈無法照射得太遠，難以評估安全性。我最後停在雪地與冰河的交界處，抬頭望向前方，結果出現了一大片裸露冰面的湖泊，目測約一百公尺即可抵達對面的安全區，這是我第一次遇到這麼大面積的路段。

結冰的冰面呈淡黃色，一不小心就可能裂開讓選手跌入冰河。

為了預防冰面突然裂開溢水淹至大腿凍傷，大會強制選手必須攜帶Over Shoes防水鞋套。記得前一個檢查站掛在牆壁的選手名單上，在我前方大約有四名選手，所以他們幾個小時前一定也經過了這裡。我觀察冰面表層沒有裂開，也沒有窟窿，表示應該是安全的，照理說我也可以通過。

由於Over Shoes防水鞋套放在後方雪橇裡，必須先拉鬆雪杖拉繩、脫掉羽絨手套、將雪橇腰袋拆掉，走到後方彎下腰從裝備袋拿出防水鞋套套上拉緊，再穿回裝備腰袋並且綁好，最後套上羽絨手套，穿過雪杖拉繩握好後才能繼續前進。這些步驟是標準的安全作法，差不多要花掉三分鐘的時間。但我心想，以目前身上穿著多層裝備，以及跑鞋被凍僵失去彈性的狀況，肯定需要花上一段時間。

考量到腰部的疼痛與時間，也不打算干擾自己前進的節奏，我決定偷懶不套防水鞋套直接通過。我站的雪地離冰面只有一線之隔，便先握緊雪杖用力敲幾下，嗯……看起來結冰滿扎實的，隱約還可以看出幾道往前走的鞋印，但不是很清楚。

我深吸了一口氣後，慢慢將雙腳離開雪地往前踏上冰面，站穩身子，這一刻緊張的心跳加速，接著我每一步往前，都會先用雪杖敲打前方冰面確認安全。走幾步後有了些信心，好，應該是沒問題了，大約往前移動二十公尺後，腳印消失了，我不疑有他，仍舊繼續往前走。

「喀！」一聲，背脊一陣寒意，心跳直逼腦門，我的左腳瞬間踏穿了冰面，搖晃地踩入水中，「不！該死！」我陷入慌亂，左手急忙緊抓住雪杖胡亂插進水裡，勉強支撐起搖搖欲墜的身體。冰水深達大腿，急速流入跑鞋，湧進褲子的冰水讓我感到刺痛，慶幸的是右腳和四十公斤重的雪橇仍在冰面上，沒有掉進水裡。

我告訴自己要冷靜，先往後移一步讓左腳離開冰河再說。我慢慢地、慢慢地將重心移到右腳，使盡力氣握緊左手雪杖將身體往後推，再小心翼翼地站起來，讓左腳慢慢抽離水面，但承受重量的右腳冰面開始發出喀喀聲，我暗叫不妙，如果冰面再裂開就危險了！我緩緩地往右移兩步，急促喘息著，試著回復鎮定準備離開時，「啪！」更大聲的清脆聲響！腳下冰面突然裂開，「幹！完了！」我慌張大叫，整個人失去重心，下半身墜入冰河裡。我馬上將手上兩支雪杖打橫擺放，阻止身體繼續下沉，濺起的冰水噴到臉上，弄濕了衣領和臉頰，我打自內心恐懼了起來，如果連雪橇也掉進冰河裡，我將會有立即的生命危險了！

此時腎上腺素大量噴發，我驚慌害怕得想趕快離開冰水，快速往後移動試圖爬上冰面，「馬的！馬的！不該發生的！我太大意了！」我害怕地亂吼，不斷抬腳想盡辦法讓身體坐到冰面上，但每一步踩上去冰面反而越裂越大，「喀！」「喀！」我不斷踩空往下墜，越是急著掙扎移動，身體就下陷得越深。結冰的冰面呈現淡黃色，黑色的冰水看不見底，天曉得這是湖泊還是河流，就怕再亂動全身立刻掉進水中，而泡進冰水的下半身已刺痛到像針扎進腦門，該死！該死！我該怎麼辦！

冷靜自救

「救命！救命！有沒有人！我需要幫助！」風雪中我環顧四周，扯開喉嚨大聲求救。完了！我徹底慌了！我立即需要幫助！祈禱有選手就在附近，能丟繩子或是拿樹枝把我拉回冰面上，但除了回音與冰雪外，什麼人都沒有，只有我獨自一人。我認清事實，也了解自己正處於迫切的危機，「現在沒有人救得了你，只有你能救自己！」「冷靜！冷靜！好好想想對策！如何逃離這裡！時間不多了！」恐懼與無助感是我最大的敵人，而現在，我有了對策。

記得賽前的生存課中醫生提到，如果人掉進冰水裡超過二十秒，就有失溫的危險。如今我雙腳已經凍麻，手指也開始僵硬，我放慢速度，小心翼翼，以免釀成無可挽救的大錯。我評估冰河前方三十公尺左右就是穩固的雪地賽道方向，但前方的藍色冰層感覺隨時可能崩塌，五公尺旁的右邊冰面顏色較深看起來扎實些。我決定刻意往右繞，一步、兩步，好，我慢慢移動了，水面只要一流動，這天殺的刺痛感更加劇烈，尤其是老二與睪丸，混帳該死的痛，我瞪大雙眼，咬緊牙關強忍痛楚。靠近冰面後，我解開裝備托盤的腰帶後用左手抓著，然後把雪杖移到右手，上半身趴在冰面上，以海豚的姿勢在水中用力蹬了幾下雙腳，將身體蹬上冰面，一下、兩下、三下、四下，好！我辦到了，全身發抖著往前爬行五公尺，離前方雪地不到二十公尺了，我站起身並壓低重心，快步通過，終於逃離這隨時會崩塌的冰面了！

爬上雪地後，天空越來越灰暗，也開始下雪，我因為寒冷抖得越來越厲害，趕緊先翻滾幾圈，讓雪把身上的水吸乾，再拿一些雪往褲子擦。但沒過多久就開始打寒顫，嘴唇、牙齒也在打顫，四周一片孤寂，除了雪與冰以外什麼都沒有。山坡上的風很大，沒有合適的遮蔽地點，繼續停在這裡肯定是個壞主意。剛剛暫停活動的時間已經讓我的體溫降低並開始失溫，身體已對我發出了警訊，如果現在停下來更換衣服一定會凍傷。

此時此刻，每分每秒都很重要，一個錯誤的判斷或決定可能就會帶來危險並終止比賽。我迅速做了決定，穿上托盤腰帶，戴上頭燈，開始加速奔跑，試著透過激烈的活動讓體溫升高，增加皮膚表層溫度，也讓腳掌活動，防止凍傷，直到找到避風處再停下來。

奔跑的同時，天已經完全黑了。時間是晚上六點四十分，我越來越恐懼，不斷重複檢視身體狀況，並冷靜推斷可能發生的情況：還有幾分鐘體溫會降低？皮膚表面溫度？第二套備用褲子、襪子放在後方雪地托盤哪一個裝備袋？食物還夠不夠？打火機放在哪裡？等等要先生火還是先換褲子？熱水壺還有多少水？腳是不是已經麻掉了？我必須讓頭腦保持得相當清楚，一一排序接下來停下要做的事，一秒都不能浪費。

五分鐘後，體溫依舊沒有變化，還是感到寒冷，等到十多分鐘後，終於感到有點溫暖，是時候選擇避風地點了。賽道左轉後，一片漆黑，頭燈照射右側，有片森林可以遮蔽擋風，我知道等等需要停留很長一段時間，體溫會急速往下掉，於是做最後的兩分鐘加速快跑，直到我稍微感到熱了才右轉衝進森林裡。

再跑十幾步就完全沒有風了，好！我迅速脫下托盤腰帶，不斷拔樹枝直到我無法再拿，全部丟到地上後，衝向裝備袋把第二套褲子、襪子、手套拿出來，脫掉鞋襪站在托盤上，「快！快！快啊！」我催促自己，鼓起極大的勇氣，在零下三十幾度中把下半身脫個精光，全身像結冰般麻痺，陰莖感到陣陣的刺痛。馬的，現在可不是開玩笑的，我快速穿上羊毛褲、羊毛襪後，開始生火。用酒精塊燃燒太慢，我把燃料瓶打開，直接倒一些煤油在樹枝上，打火機一點，「轟！」瞬間燃起大火，差點燒到自己，我拿起鋸子蒐集更多的樹枝丟入火中，讓火勢燒得更旺，終於，我安全了！我抱著膝蓋，凝視著火焰，在木材燃燒的啪啪聲中，開始放空……

大約快一個小時，我逐漸恢復鎮定，張開雙手靠近火堆取暖，把濕透的鞋子與襪子脫下烤乾。時間已經是晚上八點半，短暫休息後必須繼續前進，剛剛已經浪費了不少時間，如果現在紮營很可能會被後方選手追上，也失去了先前犧牲睡眠趕路的領先優勢。

我拿出熱水壺喝著熱巧克力禦寒，但已餓到發昏，如今食物袋已所剩無幾。我坐在托盤上看火，責怪自己太大意，極地超級馬拉松中「細心」這個要素事關重大，一次判斷錯誤、一個不小心失溫、準備不足、掉進冰河……都有可能犯下致命的錯誤，甚至承擔起更大的風險。

我不斷回想剛剛的驚恐，幸虧裂開的冰層不深，否則我整個人一定掉進冰河裡，如果連雪橇也掉進水中讓衣物火爐全濕，我現在肯定已經按GPS定位的Help求救鈕棄權了。周遭瀰漫著恐慌和沮喪，我知道大自然還未對我發出最嚴厲的考驗，但我已經嚇得快落荒而逃了。

煮不開的雪水

每個選手身上都會配戴主辦單位提供的衛星定位系統SPOT，每一小時系統就會自動發送二十次所在位置到衛星，主辦單位就能透過網路GPS位置監控每個選手的狀況：所在位置、每小時前進速度、休息時間、高度變化等。SPOT還有兩個按鈕，左邊是Help，只要按下這個按鈕，訊號會傳到大會的接收器，他們會隨即派人騎雪上摩托車前來救助。另一個按鈕是SOS，如遇到雪崩、骨折、摔入山谷、動物攻擊大量失血等有立即生命危險的情況，按下此按鈕，訊號將會傳到全加拿大的救難隊，出動直升機來救你，但是搜救費用需要一百五十萬台幣。只要按下這兩個鈕，就代表棄權。

我確認體溫回升後，趕緊繼續上路。我將裝備托盤費勁地拉回賽道，一看手錶發現剛剛的大意已讓我浪費了兩個小時，於是大力鼓掌，為自己打氣，告訴自己今天無論如何也要撐到半夜一點才能休息。

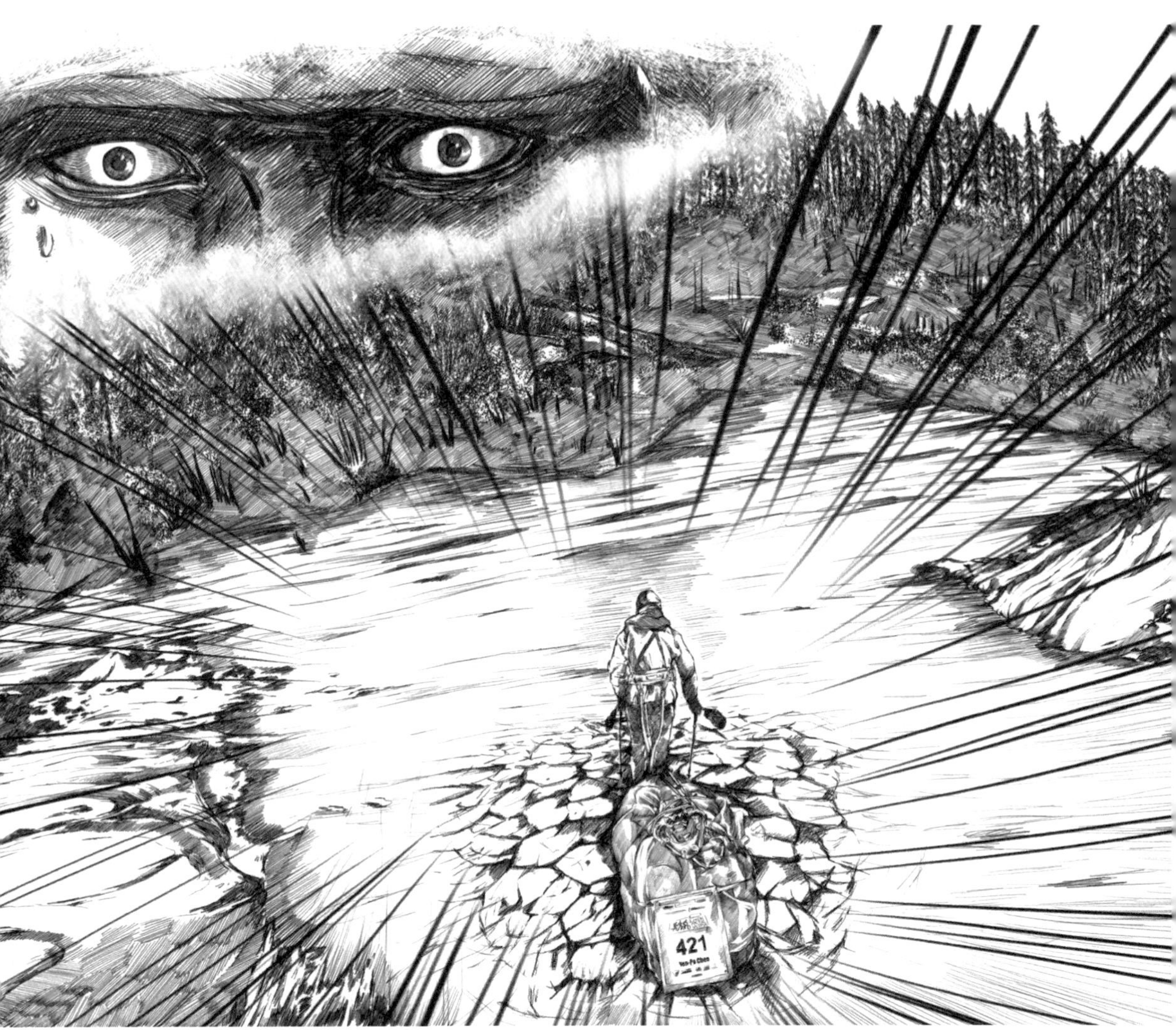

下半身掉入冰河讓我十分驚慌，未事先穿上防水鞋套就貿然前進，差點帶來生命危險，使我萬分自責。

賽道變得非常狹窄，只能容納一名選手通過，四周由樹木包圍，完全沒有風，是很好的紮營點。半夜兩點半左右，前後瞻望沒有選手後，我經過一棵較粗的樹，心想只要剷平樹周遭的軟雪，應該可以睡得很舒服。我穿上羽絨外套停下腳步，隨即把汽化爐從裝備袋中拿出來，但因溫度太低，點燃後火勢不旺，忽大忽小，忽明忽滅，有時還發出「轟啵啵啵！」的聲音，應該是燃燒不完全的緣故。我緊張起來，心想燃料明明在上一個檢查站才加滿，不可能會發生這種狀況，於是快速查看，才發現汽化爐燃料管罐螺帽的接縫處有一小塊結冰了！噴嘴上也積了點雪，可能因此堵住了燃料的流動，如果汽化爐故障沒有辦法生火融雪，我將會沒有水喝，更會有脫水的危險。

我先關掉調節器，以防結冰進入管子內部造成更嚴重的問題，同時趕緊用瑞士刀把螺絲帽的結冰刮除，再用清潔針插進噴嘴孔清潔堵塞汙垢，然後再一次點火。但這次汽化爐卻遲遲點不起來，這下我火大了，因爲已經停下來五分鐘，而且體溫又開始下降。我耐著性子再快速清理一次後把調節器開到最大，然後點燃打火機，火勢依舊不穩，等了十秒後才終於燃燒完全，火苗劇烈迸發出來，火焰竄得足足有半公尺高。直到回復正常運作，汽化爐大力發出「轟！」的聲音後，我才放心地慢慢轉小調節器。

這段路程太長，我的水已所剩無幾，保溫瓶僅剩約五〇〇ＣＣ的溫水，我必須煮熱它吃一餐，但表示接下來就沒有水了，這是很嚴重的狀況，我可能因此脫水。我沒有把握還要過多久才會進入下一個檢查站，最保險的辦法就是重新煮沸一公升的熱水，但要融進許多雪才能裝滿，這段時間肯定需要一個小時以上。我腦中盤算後，將二五〇ＣＣ的水從保溫瓶倒入鍋子，其餘二五〇ＣＣ留在保溫瓶裡，接著抓起地上的雪分別放進鍋子和保溫瓶，並以湯匙攪拌試著讓雪融化。儘管已抓了好幾大把的雪進去，水量依舊沒增加多少，而且當鍋子裡的水稍微變熱冒煙後，我再把雪丟進去，馬上又變成冰水，實在非常浪費時間。

我將圓形的熱反射板放在爐子下方，再用擋風板圍在爐子周圍，將熱能反射至鍋底及預熱片，接著蓋上鍋蓋，增加燃燒的效率和煮沸速度。但即使我用的是輕量導熱速度快的鈦金鍋，連煮五〇〇ＣＣ的水都得花上半小時，不知多久沒有飽餐一頓，我早已餓壞了。我只得趁這段時間用雪崩鏟在樹木旁鏟雪清出一小塊空地，原地踩踏把雪壓得扎實，放好防潮墊，再把睡袋塞到露宿袋裡。「咕嚕～」肚子發出陣陣的飢餓聲，這時我只想趕緊吃碗熱熱的家鄉味泡麵，再喝上一碗熱湯，就快速鑽進溫暖的露宿袋中。

忙完我的睡覺系統，我祈禱水已經滾了，回到鍋子旁，看起來冒煙的水，喝了一口卻都還是冷的，我感到焦急又不耐煩，唾液也不斷分泌，看著汽化爐有時還會不自覺地流下口水。爐子慢吞吞地煮水，我坐在雪橇上等待，沒多久睡意襲來，我死撐著把眼睛睜開盯著汽化爐，偶爾甩甩頭試著保持清醒，但身體已經快要「關機」了。此時白煙從鍋子旁飄起，我脫下手套，併攏食指和中指，用指背觸摸鍋蓋，感受是否有煮沸的震動。只感覺啵啵的振動傳到手指上，好，應該差不多了！打開鍋蓋後，煮沸的水不斷冒泡，我趕緊把排骨麵和調味料倒入，再把保溫瓶二五〇ＣＣ的水倒入另外一個鍋子，塞滿雪放在一旁。

周公的作弄

約三分鐘後香味傳來，想吃泡麵的欲望已經達到頂點，應該差不多了。我用右手拿起泡麵的鍋子，再用左手把要煮水的鍋子放上汽化爐接著煮沸。我不想再浪費一分一秒，也沒有時間可以再浪費了。

一切就緒，我期待地打開鍋蓋，低頭嗅聞飄起的味道，接著把鍋子傾斜，喝下一口熱湯，暖意從舌頭、喉嚨慢慢流到胃。我吐出一口氣變成白煙，像笨蛋一樣直傻笑，然後是第二口、第三口、第四口、第五口連續沒有停過，直到我驚覺快把暖呼呼的熱湯喝完才停止。接著我大口大口地吃麵，彷彿要把鍋子裡所有食物都吞進胃裡才滿足。吃泡麵時，我想到六天前我還愜意地過著生活，完全無法想像也無法解釋現在的行爲。大腦也已停止思考，只剩下身體記得「求生」和「抵達終點」這幾個簡單的指令，對於長期在極限邊緣的生理與心理來說，再多的思考，都是一種負擔。

用雪擦拭清潔鍋子後，我爲汽化爐加壓幫浦一百下，讓火勢保持在最旺盛的狀態，清脆的燃燒聲，是黑夜裡唯一的聲音。

坐沒多久，可能是飽足產生了暖意，強烈的疲倦和睡意再度襲來。我用頭燈照射四周，在無風的樹林中，光線穿越的距離很有限，無法看清身旁的環境。此刻頭燈一閃一閃的發出電量過低的訊號，爲了省電我暫時關掉頭燈，「嗒！」眼前瞬間變得一片漆黑，伸手不見五指，閉上眼，再睜眼，沒有任何差別，是一道奇異的空間，還好汽化爐燃起的藍色火焰和聲音帶來些安全感，一瞬間我失神晃了一下，差點睡著。

我試著用力拍打、掐捏大腿，還有臉，試著讓自己清醒。這該死的水什麼時候才會煮沸？我陷入痛苦的僵局，思考是否要先往後躺在雪橇上小睡等待，但又怕一睡不醒。於是我呈現半睡半醒的狀態，一會有意識，一會睡著。鍋子冒出了一點白煙，太好了，我只剩下最後的簡單步驟就可以躺進露宿袋裡，但我竟然在這關鍵的最後一秒搞砸了！

正當我打算把鍋子拿起來倒進保溫瓶時，我突然睡著，身體隨即往前傾，一個手滑將鍋子裡剛煮沸的水全部撒在雪地上。「NO～～不～～！」我立刻驚醒發出慘叫，馬上把鍋子抓穩，但為時已晚，裡頭只剩下約二〇〇CC的水量。看著好不容易煮沸的水全部流進雪裡，「幹！你這該死的白癡！」我忍不住對自己破口大罵，趕緊抓起雪吞下去補充水分。

我再抓起幾把雪放入鍋中，接著起身來回踱步、半蹲起立，試著讓自己清醒。起初，這方法還滿有用的，但沒多久又開始暈眩，像喝醉一樣，無法控制身體，意識時有時無，搖搖欲墜站不穩。我的意識彷彿在坐雲霄飛車，身體一下騰空，一下又跌落地面，身體似乎正在強迫我「關機」，我對抗得非常痛苦……

「啪！」奇怪！頭好像撞到了什麼，臉怎麼貼在雪地上，我竟突然失去意識睡著了！這種狀況實在太詭異了，如果汽化爐和水是人可能會覺得：「ㄟ，你看那個人好白癡喔，他在那邊搖搖晃晃跳什麼奇怪的舞蹈？睡著了還會摔倒，眞是蠢斃了。」我再度脫下手套用力打自己的臉，好痛！臉頰都紅起來了，但痛楚還是止不住鋪天蓋地而來的暈眩感。我使出各種方法，唱歌、拍手，甚至突發奇想跳阿哥哥舞蹈，用盡各種方式，但都只能撐上一、兩分鐘。

「拜託你行行好，可以不要睡著嗎？」我試著鼓勵自己，最後無計可施，我竟然模仿起企鵝走路和企鵝跳，模仿企鵝跳時，我還刻意加入海豚的蠕動，甚至「呱呱！」叫了兩聲。模仿可以讓意識暫時融入角色，集中我的精神與專注力。

「乒、噹！」在企鵝跳的同時，我一個沒有注意踢翻鍋子，水又撒出來一半，「陳彥博！你這白癡！智障！智障！智障！智障！智障！智障！智障！該死的混蛋！」我受不了了，真的受不了了，保溫瓶還剩下四〇〇CC的水，夠我用了，頂多再撐十二至十八小時應該可以。我又急又氣地快速收好汽化爐，隨即鑽進露宿帳裡，一瞬間就睡著了。可能是紮營地點選得不錯，我這次睡得特別沉。

雪崩？

「轟！」傳來震耳欲聾的聲響。我毫無預警地突然騰空又向下墜落，頭還躺在睡袋裡，雙手慌亂地舉起來揮舞，內心感到相當害怕，很快地又跌回地面。雪崩！是雪崩嗎？我嚇得坐起來，開啓頭燈拉開睡袋拉鍊向外查看，但周遭依舊是一片令人恐懼的死寂，沒發現其他狀況。

外頭正下著雪，身旁積了厚厚一層雪粉，幾乎到達露宿袋一半的高度。我不知所措，爬出狹小的露宿袋，用頭燈一照，才發現露宿袋塌了一半，上頭堆滿了白色風霜，而且睡覺的位置比剛剛低了兩公尺左右。但當時的我已無力再做什麼，心想可能是身體重量將軟雪壓得較扎實了吧。不管了，我太累了。我拉起拉鍊再度進入夢鄉。

「嗄吱」「嗄吱」「嗄吱」，耳邊依稀聽到踩在雪上的腳步聲，但我累到以爲自己在作夢，完全不予理會。接著從露宿袋外傳來了微弱的光線，那道光線慢慢經過我身旁，「嗄吱」「嗄吱」的聲音變得更大聲了，好，這下我確認不是一場夢，而是有選手追過我了！

時間是半夜四點五十分，我還睡不到三個小時，但發現被選手追過的壓力實在太大，不趕緊追上不行。我開始猶豫是否要勉強自己痛苦地爬起來，因爲這紮營點選得不錯，很想再多休息一下補充體力……

不，不行，再懶下去我可能就會輸了整場比賽。我瞬間跳起拉開露宿袋拉鍊，只見微弱的頭燈光影從我眼前消失，我用最快的速度打包好裝備，用最快的速度追上。從他消失在我面前到我收好裝備出發大約經過七、八分鐘的時間，對方應該還沒有離我太遠。我看著手錶，十五分鐘、二十分鐘、三十分鐘、四十五分鐘過去了，卻連一絲光線和聲音都聽不到，我判斷對方想要甩開我，於是強迫自己再加快速度。

身體越來越疲憊，大約過了一小時，前方的光線終於停了下來，我趕緊追上去，原來是奧地利的選手 Manfred，前方是結冰的湖泊，他正要套上防水鞋。我用頭燈照著他的臉，只見他一臉倦容與愁苦，說話含糊不清，眼神也無法聚焦，不斷地重複說著：「還有多遠到檢查站？還有多遠？我已經極限了，我已經極限了，不，不……我已經瀕臨極限了……」Manfred爲了要追上我，連續兩天都沒有休息，此刻我跟在他後面壓力相當大。

有了上次跌進冰河的恐怖失溫經驗，我知道如果偷懶不套防水鞋有多危險，也快速地跟著套上防水鞋。想起後面幾段路將不斷經過結冰的湖泊，而這些冰層很可能會崩塌，就令我毛骨悚然。

這段冰河再度開啓了看似永無止盡、令人絕望的路程，沒有人知道它何時結束，我的痛苦指數繼續升高。一小時、兩小時、三小時，我又開始頭昏眼花，不時打起瞌睡，忽然間快跌倒卻又驚醒，我不時搖晃腦袋想趕走睡意，以我目前邊走邊暈頭轉向的狀態，那簡直是不可思議的絕技……

約四小時後，前方傳來了不同的聲音。我聽見了，水聲，是水聲！錯不了，而且是溪流聲。右側是峭壁，我將頭燈照向左側，依舊是一片漆黑，現在接近清晨七點，距離日出還要一小時。有水，就有生命，看來應該離檢查站不遠了！

又過了一小時，小徑終於右轉離開溪流。鑽入樹林後，慢慢可看到標記，而且越來越多，在一個左轉後，終於，我看見被樹林包圍的小屋！紅色噴漆寫著YAU CP（檢查站）。「Hello~有人在嗎？有沒有人在？」Manfred 大聲地說，小木屋裡傳來腳步聲，得救了！終於撐到檢查點了！Fuck~終於到了！我彎下腰用雪杖撐著疲憊不堪的身體，嘴裡吐出濃濃白煙。我閉上眼睛不動，保持這狀態好一陣子，幾乎已用盡全身氣力的我，無力到很想跪在地上……

和其他運動很大的不同是，極地超級馬拉松需要在體力與情緒上歷經長時間掙扎，選手很可能會陷入眞正的危險。這不只是一場遊戲或競賽，它具有一種嚴肅性，它像是人生，只是更鮮明、清楚、激烈，你需要思考如何表現，努力到什麼程度，沒有一天是輕鬆的。

保持你的熱情、笑容，然後給自己一點力量，
也許這世界上沒有奇蹟，但是你可以自己創造奇蹟。
這份渴望促使我不斷向前，不畏懼挑戰，代表台灣四處征戰。

13 犧牲，你需要付出多大的決心？

CP9

「Tommy! Manfred! Well done!快進來，好好休息一下，Shelley 也在裡面，come on!」從小木屋開門出來的大會人員 Mike 與 Jessica 夫妻開心地歡迎我們，讓我暫時脫離了麻木的狀態。但，Shelley？誰是 Shelley？Shelley 是誰？好熟悉，除了機械性的比賽與填飽肚子之外，我的記憶與思考都開始混淆了。我環顧四周，樹林環繞，有人類的足跡與氣息，太陽正慢慢升起，就在幾個眨眼的思考之間，我知道自己暫時安全了，安全了。

「我以爲你們大約中午才會到，沒想到早上就抵達了，還滿快的。木屋裡頭可以休息，而廁所在……」Mike 正要解說環境，停下來後的我和 Manfred 因體溫降低開始發冷，還沒來得及應答就迅速丟下裝備，拿出食物袋和保溫瓶，抱起來就直接衝向小木屋。Manfred 還邊跑邊道歉說：「抱歉、抱歉，我已經極限，已經極限……太累，我太累了……」

「咚！」門關上後，好溫暖，木屋內眞的好溫暖，這溫度讓我激動得想哭。我們一看到椅子就立刻坐了上去，如洩了氣的皮球一樣把雙腿懶懶地攤直，「噢～～Yes～～

我和 Manfred 一同抵達檢查站，屋外豎立的反光標記一路指引我們前來。

我的天，這裡是天堂，這小屋絕對是天堂，而你們是天使……」

我看到 Shelley 正在角落睡覺，怪了，她何時追過我的？

「你們一定很冷吧，我們再燒些木材提高室內溫度，如果有衣服或裝備濕掉，現在快掛在火爐旁烘乾再離開吧，因爲後面的路還非常遠呢，而且接下來沒有任何檢查站，只剩下一個簡易休息點了。需要熱水的話，角落有大桶子和勺子，你們可以用勺子裝水到水壺裡放到火爐上的鐵板煮沸，但要小心別燙到自己，桌上還有……」

「抱歉，你剛剛說廁所在哪裡？」Mike 還沒說完，Manfred 就打斷他，「在外面左邊的小木房，上大號時請小心，因爲木板沒有很穩，你必須要蹲在……」Mike 講到一半，Manfred 已經抓了一團面紙衝出去。「要記得蹲在外側，因爲裡頭站立的木板有點鬆了……」Mike 看著我把話說完。

喝了兩口熱巧克力，體溫升高後，我趕緊出去整理裝備，爭取多一點時間休息，因爲我們仍然處在競賽的狀態，而 Manfred 也還是我的對手。終於能稍微休息片刻，精神卻依舊保持緊繃。一開門回到冰天雪地的世界，走到裝備托盤旁，我突然感到一種奇異的時空感，我喃喃自問是多久前抵達的？其實才剛停下來休息不到十分鐘，卻彷彿已經過了半天那麼久。也許是天亮，也可能是忽然獲得安全感的緣故？總之這感覺相當奇妙，完全無法以言語形容。

我走到雪橇旁彎下腰拉開拉鍊，拿出睡袋和掉進冰河結冰的襪子與褲子，才剛直起身子，突然間的頭暈目眩讓我差點跌倒，眼前出現一閃一閃的白光。嗯？我的身體發生了什麼事？我推測是過度疲勞所造成的，於是撐著膝蓋喘氣，等意識慢慢恢復。

進入小屋休息前，我拿著捲紙找廁所。剛走到木造廁所旁，右轉要進去時，只見門沒關，**Manfred** 就蹲在我正前方，嚇了我一大跳。**Manfred** 在我面前發出了很長的屁音：

「噗～～嗚～～」

「喔～～抱歉抱歉，我不知道你在這裡。」我尷尬地說。

「抱歉我無法停止，我的胃這幾天好像出了問題……」（噗！噗！）

終於吃到不一樣的熱食，一口咬下茄醬魚肉吐司，內心竟有滿滿的感動。

木屋牆上記錄了每年抵達的選手名字與時間，我想起自己可能成為首位完賽的亞洲選手，不禁感到相當興奮。

雖然我的頭還是很暈，但看到他一腳懸空踩著牆壁，我強忍笑意走到小屋前忍不住大笑出來，噗哈哈哈哈。

接著我走回小屋，把睡袋放到上層床板，工作人員端來了一份熱食，是吐司！中間還夾了一塊番茄醬茄子魚肉！我馬上一口咬下，嗯～～還有起司和豌豆，太棒了！真是太棒了！雖然很簡單，卻是真的食物，不再是牛肉乾、堅果、巧克力，終於吃到不一樣的食物了！享用完，我從袋中拿出濃縮蛋花湯塊，澆上熱水，懷念的家鄉味隨著白煙溢出香氣，我小心翼翼地捧著喝完，這才稍微恢復了些體力。

躺平的奢侈

這時 Jessica 過來檢查我的身體狀況、心理狀況和裝備器材。

「Tommy，我能夠看一下你的睡袋嗎？」

「當然，請便。」

「喔，這相當糟糕，內襯都受潮濕掉了。還好有發現，不然你晚上可危險了，我幫你拿到火爐旁烘乾，至少要等到烘乾才能離開。」

好吧，我也沒有那麼快想走，好幾天沒怎麼睡，我

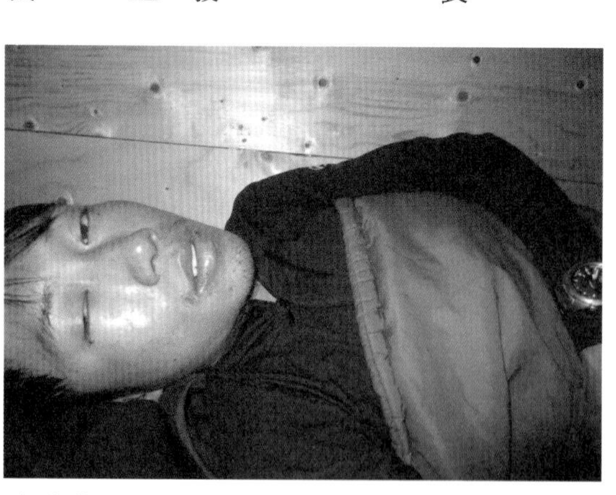

短暫休息前已臉孔浮腫、雙眼布滿血絲，自己都感到害怕，因為我從不曾把自己逼到如此絕境。

眞的需要睡一會，才可能把最後一段路完成。

木屋牆上記錄了每年抵達這裡的選手名字與時間，而大會通知我，如果我成功完賽，將是賽事舉辦至今首位完賽的亞洲人，一想到這點我就感到相當興奮。

Mike 把他的睡袋借給我，我勉強爬到上層木板，喔！天啊！能夠完全躺平伸展四肢的感覺實在太棒了！我拿起相機拍攝自己現在的模樣，相片中我雙目紅腫充血，鼻腔布滿渣渣，疲勞的程度遠超過正常人承受的極限。我立刻躺下來，沒幾秒就睡著了。

「我想我休息夠了，身體好多了，但還是有點不舒服。」

「你確定嗎？不要太勉強。」

「應該可以，只是一直咳嗽讓我無法喘氣。」

「隨時讓我知道你的狀況，雖然已是最後一段路，但還是安全第一。」

睡夢中還是持續有對話傳入耳中，嗯，我瞇著眼看手錶，睡了一個多小時，感覺依然頭暈目眩、天旋地轉，我決定再睡兩小時補充體力。

「咚！」門關上的聲音把我驚醒，但我還是沒有體

我向 Mike 和 Jessica 道別，繼續加緊上路。

力爬起來，也無法張嘴說話，只能勉強發出咿咿的氣音，我不太想移動身體，因爲一動就會全身疼痛。我奮力把頭移到床緣，望向睡在下方的 Manfred，只見他正大聲地打鼾熟睡，剛剛眞是嚇壞我了，還以爲他這麼快就回到賽道，原來出發的是 Shelley。

看看手錶，睡了約三個小時，差不多可以出發了。稍微恢復體力後，雖然還想繼續躺著，但在舒適的空間待越久惰性會越強。我坐起來一段時間，用食指按摩眉間讓自己慢慢清醒，接著我慢慢地、盡量不發出聲音地爬下地面，就怕吵醒 Manfred。雖然很心機，但這畢竟還是一場競賽。

「Hey～Tommy～」我回頭一看，竟然是英國的 Thomes！他竟然追上我了，而且瘦了

看到我準備出發，Manfred 也有樣學樣快速起床煮熱水。

一大圈，我差點認不出他，他只慢我四個小時抵達。

爲了節省出發準備時間，我第一個動作就是煮熱水，把水桶的水裝進水壺放上火爐鐵板，然後把食物補充到行動糧的小袋，確認睡袋烘乾後趕緊收好，將SPOT衛星定位器與頭燈更換電池，並重新配重與打包，最後大快朵頤了四片吐司與三杯熱巧克力。這時 Manfred 也醒來了，看我在準備出發也迅速爬起來煮熱水，我爲了加快煮熱水的速度，用汽化爐另外再煮了一鍋，Manfred 也有樣學樣。一個小時後我領先離開，並向 Mike、Jessica 擁抱道別後，繼續上路。

「Tommy，最後一段路了！你辦得到的！Be Safe.」

倒木來攪局

來了，最後的一六〇公里，再來就是終點了。

陽光明媚，雪地沐浴著陽光，一直蔓延到北方，感覺格外奢侈。如果天公作美，我將順利完成最後的路程，但是東北方的天空雲層看起來不太妙，寒氣逼人，我心無旁騖繼續趕路。

這是一個無風的晴天上午，我走在森林小徑，天氣暖得感覺可以脫到剩一件毛衣，但只要起一點風就會發冷。一到午後三點，太陽開始西沉，氣溫快速掉到零下三、四十度，有時體溫變高和流手汗時，就要拉開外套拉鍊並脫下外層刷毛手套散熱，等到變冷再套回去，有時一整天得重複這過程達五十多次，相當麻煩。

然而當我看著自己一公里、一公里不斷地在雪地裡前進，一個人看著日出與日落、黑夜與黎明不斷轉換，感受身體在零下三十到四十度的低溫中逐漸累積了五〇〇公里以上的路程，我抱著感激的心情，同時快樂得無法自拔，感覺全身上下充滿了自信與驕傲。

一個小時後，前方出現了一個巨大的黑色障礙物。靠近一看，原來是倒下的樹木擋住了整條道路。賽道上真的什麼狀況都有，要繞過或翻越這棵巨木絕非易事，更何況我還拖著近四十公斤的雪橇。

我四處張望，看是否有領先選手的

連續數日獨自行進於荒野，是一段漫長而孤寂的考驗。

腳印，想觀察他們是怎麼攀過去的，他們一定也通過了這裡。雪地上的腳印很亂，想必許多選手都曾被卡在這裡一段時間，其中有幾組腳印逐漸繞到外側，但旁邊就是懸崖，而且上頭都是鬆軟的雪。嗯……我吞了吞口水試著跟隨前人留下的腳印足跡，慢慢橫越，剛開始看似可行，但隨即發現裝備托盤被樹木卡住，根本就拉不過去，而且感覺搖搖欲墜隨時可能滑下去。如果我往前衝的力量不大，雪橇一落空，我很有可能會被拉下懸崖……不行……這方法是行不通的，而且非常危險。

我回到巨木旁重新思考，如果卸下所有的雪橇裝備袋一個個搬過去會相當耗時。此時我發現有些小樹枝斷裂在雪地中，我解開裝備吊帶，攀爬過去查看，這裡留下了許多腳印，看來多數選手應該是從這裡越過，但是得攀上高達一．二至一．五尺的巨木。好，沒時間多想了，看來不來硬的不行。

我走到雪橇前方，奮力拉起前端的桿子，死命拖到樹木上，原以爲能夠把這四十公斤的怪物扛起來，但卻忘了連續七天的競賽下來，我已經沒有什麼力氣，體重也掉了好幾公斤，根本抬不起來。連續試了兩次都失敗後，最後我站在樹木上，緊抓托盤，把身體重心後仰八十度，只見雪橇慢慢有了動靜，尾端開始懸空，看起來有機會！就用槓桿原理吧，只要把雪橇拉過一半就有機會，「磅！」我一個失手，整個人重重摔到了後方的雪地上。

這下可好，竟然被卡在這裡，總不可能拿鋸子鋸開它吧。我盯著樹木繼續思考對策，最後我想到了一個速度搭配蠻力的方法：我撿起了一些散落在雪地上的小樹和樹枝，擺放在巨木前方增加坡度，我把腰帶穿上拉緊，小跑兩步踩上樹木。這時身體被托盤的重量往後拉呈現靜止狀態，我回過頭看雪橇，前頭已經往上翹起來，嗯，應該可行！只要速度再快一點。我改成小跑四步踩上樹木，雪橇快超過一半後又把我拉了回去，好！知道了！我後退約七公尺的距離，準備一鼓作氣衝上去。大口吸氣三次後，我奮力往前衝，雪橇在我身後發出唰唰聲響，靠近樹木後，我跳起來踩上它，盡可能放低重心將身體往前傾，喔喔喔喔喔，我超越了原本的距離，就差一點了！雪橇已經快超過一半了！但我又突然呈現靜止的狀態。

「喝啊啊啊啊啊啊～～你～～奶～～奶～～的～～熊～～」我咬緊牙根把腳蹬直，不斷把身體往前壓，像麥可傑克森經典舞步那樣傾斜達四十五度，只差沒叫出「咆！」我感覺到一公分、一公分在前進了，唰！我失去重心往前飛了一段距離，差點扭到腳，過了！我爬過來了！

無法置信這場比賽竟然遇到了那麼多的狀況：驟降的陡坡、腳踝的傷、冰河崩裂、樹木倒塌阻擋賽道……到底還會出現什麼障礙呢？我不自覺露出了苦笑。

冰雪獨行俠

一六〇公里，保守估計要兩天才能完成，這是一段相當漫長的過程，特別是當你獨自一人，無法與任何人交談的時候。大多時候我都全神專注於走路，機械性地重複同樣的行進動作，沉靜且投入到忘我的狀態，不帶任何思緒，甚至連時間這個概念都好像遺忘了似的。偶爾低頭看一下手錶，但時間總在不知不覺中很快地跳著，四十分鐘、兩小時，或四小時。

晚上十點多，賽道變得更寬闊了些，經過一個看似廢棄的工地，停了幾台鏟土機與挖土機，我心想如果睡在裡頭好像不錯。繼續往前出現了廢棄的橋墩，有幾道雪橇的軌跡往左延伸到橋墩下。我停下來用頭燈照射，看見了雪橇犬比賽中鋪在雪上供狗兒睡覺用的茅

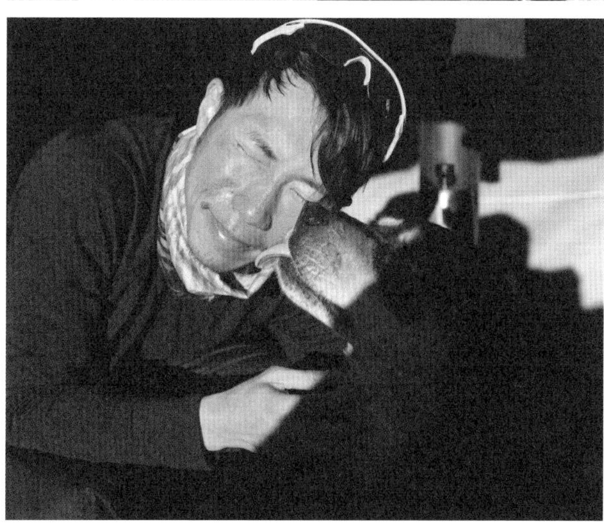

持續數天的賽事中我都自己前進，難得在檢查站有狗狗作陪，我感到溫暖而雀躍。

草，果然有選手曾在此休息，這裡沒有風，又是個巨大的遮蔽物，肯定是適合休息的紮營點。我有點動搖，一看手錶時間才十點，感到相當可惜，因爲一路上很難找到絕佳的休息點，我略有不甘地繼續前進。

我原計畫半夜一點就要停下來休息，但總是不斷說服自己再撐一小時、半小時，直到兩點半才停下休息。賽道只有一個方向，偶爾會出現叉路，跟著標記很容易辨認方位，但在暈頭轉向與飢餓的狀態，有時起床後會忘記究竟是從哪個方向來的，如果跑回原本的方向，就是一場足以令人發瘋的噩夢。前幾年就有選手睡眠不足地起床，迷糊間跑回原本的路，結果五小時後遇到後方追來選手，才赫然發現竟跑錯了方向，而且多跑了三十五公里左右。我心想若連後方選手也一起迷糊跑錯，眞的就是一場大笑話了，記得大會曾說這很可能會發生，想到此我不禁大笑起來，同時也感到有點緊張。

我把雪橇頭朝向要繼續前進的方向，以免睡醒後跑錯，接著飢餓地抓起一把綜合堅果就往嘴裡塞，再拿幾片牛肉乾咀嚼著。我脫下跑鞋、Gore-Tex 外套放在外面以防潮濕，然後迅速鑽進露宿帳裡，又是個漫長寂靜的夜晚，唯有臀部、膝蓋、大腿、腳踝的疼痛一次次地打斷我的睡眠。

凌晨四點半鬧鐘響起，我已經醒了，打了個寒顫，空氣冰冷得讓人難受，溫度比前幾晚低上許多，大多數時候只能在寒凍的空氣中緩慢呼吸。我心想該鑽出暖洋洋的羽絨睡袋繼續前進了。

用來當枕頭的羽絨外套口袋上，綁著一個在挪威買的廉價溫度計，我用頭燈一照，發現這個狹窄空間竟只有零下三十八度，外頭應該還要再低上五度左右。只要鑽出睡袋，體溫馬上就會降低，沒有閒暇時間慢慢整理，所以離開睡袋前，我必須要先把收拾裝備的順序想過一次，要在五分鐘內完成，繼續上路。

「三、二、一！」我拉起露宿袋拉鍊迅速坐起，上半身露出在外，微微的風吹在身上，我邊發抖邊趕緊背上水袋，接著穿上 Gore-Tex 外套、羽絨外套、手套，有時手凍得很難將拉鍊拉好。我坐起來穿上結凍的跑鞋，像鑽石般堅硬無比，過去五天下來我的腳趾乾裂流血，在冷冽的賽事中持續惡化，光是拉緊鞋帶就能讓我痛到抽搐。

我靠頭燈照明，用僵硬的手指將蓬鬆睡袋塞回收納袋裡，這動作雖費力卻也能夠讓肌肉收縮產熱作爲熱身，接著收好露宿袋和兩個防潮墊，放進雪橇裝備袋中，整理配重與喝杯熱巧克力後，再將雪橇上的裝備袋以彈力繩拉緊，扣上鉤環確保不會晃動，然後走到前方穿上雪橇腰帶，開始大動作以最快的速度原地跑步，提高體溫讓身體暖和起來。從起來到出發，我大約花了五分鐘的時間。

清晨的霜把原本的雪面凍得更結實，起初踩在上頭感到僵硬吃力，不停跺腳，想使跑鞋裡熱起來，花了好一段時間才讓身體因活動而開始暖和，節奏也變得平穩下來。我一感到溫暖，就停下來脫下羽絨外套塞在雪橇綁繩上，再繼續上路。從剛起步到體溫上升約要經過三十分鐘到兩個小時左右，按氣溫高低與風速強度，體溫上升的時間會有所不同。

這一整天，我只知道不斷移動雙腳、擺動手臂，我打算一鼓作氣抵達終點，不打算再停下來休息睡覺。白天、黃昏、黑夜……感覺過了好長一段時間，腦袋似乎變得有點遲鈍，記不得前幾天發生的事件順序，記憶也變得不連貫了，是缺乏食物和脫水造成的嗎？啊，我才想起兩天半來沒吃什麼東西，只喝了約兩千兩百CC的水。

時間是媒介，只有手錶的指針讓我和世界保持聯繫。已經不知道第幾天……沒有看到人了……好長一段時間沒有說話了……我差不多連續五十二個鐘頭沒有入睡，奮力睜開已經結冰的眼睫毛，才稍微看得清楚。此時手錶顯示半夜兩點三十八分，四周一片漆黑，只有頭燈照射著雪地，到底……還有多遠，還要跑多久……

人類到底可以清醒多久不用睡覺？一九六五年有場實驗，十七歲的學生蘭迪．加德納創下兩百六十四小時，也就是十一天的不眠紀錄，但伴隨而來的是注意力下降、知覺反應衰退、思考障礙等問題，不過在一到兩天的睡眠後就可以恢復正常。我也希望能這樣不眠不休地跑完七〇〇公里，但以目前痛苦的狀態來看是辦不到的，尤其是在這如地獄般的漫長折磨……

進擊的敵人

突然間爬到了山頂，一抹淡藍色的美麗晨曦打破了倦意，頓時將疲憊感一掃而空。我正喘口氣欣賞到一半，「Hey，Tommy。」後方有人叫我，我被嚇了一大跳，出現了一道白光，怎麼可能？我竟然被追到了，Manfred 又追上我，而且表情振奮。

我和 Manfred 很少交談，各自專注在自己的路線上，競爭意味相當濃厚。我趕著下山，路上全是深及小腿的鬆軟積雪，行進起來相當吃力且容易打滑，於是我停下來穿上冰爪。原本以爲 Manfred 會等我，沒想到他經過我時一句話都沒說，突然一鼓作氣往下飛奔，瞬間把我拉開四百多公尺，還回頭看我試圖把我甩開。好啊！這下子可把我激到了，「喀！」冰爪鞋一套好，我快速起身開始往下追趕，不管身體的疲累大步往前跨，濺起許多雪花。我逐漸和 Manfred 拉近距離，他此時停下來準備套上冰爪，我可不甘示弱，把握機會一下子飛奔往下衝了好一段時間，並偶爾回頭看 Manfred 的頭燈位置，終於越拉越遠，最後消失，我就這樣持續加快速度約五個小時。我必須確保他看不見我，否則很容易被當成目標追趕，而後方許多選手一定也都快追上我了。

接下來兩個鐘頭，我不斷在爬坡，好不容易登頂後，眼前是一段很長的、有如高級滑雪道的傾斜下坡。回頭一看後方還沒有選手追上來，嘻嘻，即使現在肉體仍舊極度痛苦，但，我起了玩心。

坡度極陡，若往下跑，我除了必須抵抗下坡的阻力，同時要承擔四十公斤重的裝備壓在身上，想必會對已嚴重受傷發炎的腳踝，以及腰與肩膀造成更大的傷害。

評估坡度應該安全後，嘿嘿，我坐在托盤中間，將臀部往後挪動了位置，讓重心稍微後傾，並將雪杖收到最短當作煞車系統，此時看上去就像是競速雪橇。好，一切準備就緒，我有點興奮又緊張，慢慢的往前移，只見托盤前頭已逐漸懸空，我感到心跳蹦蹦作響。

「喀……喀……」托盤開始傾斜往下滑了，起初我試著將雪杖插入雪地煞車，但後來克制不了這股刺激感，決定不煞車任由速度加快，「吼喔喔喔～～耶～～」，我一路又叫又笑的衝下五、六百公尺的斜坡，還試著做出身體左搖右擺壓韌雪橇轉彎的動作。起初幾個小彎都順利通過，我覺得自己表現不錯，眞是太有才了，忍不住自誇。但突然來到一個右彎，我將身體往右壓改變托盤方向，再用雪杖插入雪中，放下雙腳煞車減速，但是速度眞的太快了，一個雪地突出，托盤整個飛起來，我整個人也騰空飛了起來，「啊啊啊啊啊～～」還來不及反應，我在空中呈現自由式的滑稽姿勢，頭下腳上的飛撲跌入一旁的軟雪堆裡。忽然眼前一片雪白，我還以爲到了天堂，原來是臉埋進了雪堆，而且因被拋在空中時大叫來不及閉嘴，結果吃了滿口的雪。我爬起來拍掉身上的雪，動動關節四肢檢查有無傷勢，回頭看到翻覆的雪橇與散落一地的裝備，忍不住哈哈大笑。一場短暫的滑雪之旅，讓我抵達平地時氣喘吁吁，但是出現難得的神清氣爽。

冰河小徑旁出現了幾個廢棄的小木屋，裡頭放了一些鐵盆與槌子，看來歷史悠久，突然讓我想起十九世紀淘金潮文化的特色，育空河是主要的運輸途徑。一八九六年喬治·卡馬克與礦工在克朗代克河發現黃金，這消息馬上傳至美國各區，十萬多名移民工人同時湧入，育空地區的克朗代克河一帶尋找金礦，希望一夕致富，這段歷史也稱爲「克朗代克淘金熱」。但只有極少的人眞的因淘金發財，這場賽事終點的道森市也一度成爲一個人口數萬的城市，直到淘金熱過後，繁榮的城市漸漸殞落，道森市人口也急速減少至數千人。

知道再撐不到一天就能抵達終點，我帶著緊張又興奮的心情迎向更寒凍的夜晚。

時代與科技的進步，讓人們四處冒險，我也是被引領前來的一名冒險者。對於與歷史如此貼近，置身其中，彷彿自己也成為了歷史的一部分而感到興奮。

冰河怒吼的暴風雪

沿著下坡前進離開樹林後，四周開始變得空曠，也下起雪來。今晚的氣溫似乎更寒凍，即使身體保持活動，體溫還是很低，而且一股寒凍感貫穿了跑鞋墊直達腳掌，我停下來穿上極地雪絨外套，喝了杯熱巧克力。

我知道自己正朝著終點前進，看著地圖與里程表，剩下不到八〇公里了，也就是說我已經跑完了六二〇公里，這令我大大振奮，只要再撐十二到十五個小時，我就可以抵達終點，結束這趟折磨又痛苦的冒險賽事。我不斷想像自己喜極而泣抵達終點歡呼的畫面，還有溫暖舒服的床，這些想像充斥著我的腦海，揮之不去。我甩甩頭想趕走這些念頭，深怕心情一懈怠會帶來災難。

正當我稍微鬆懈且感到雀躍的時候，風也越颳越大。凌晨三點十一分左右，暴風雪正逼近我，「喀、喀」，我低頭一看，羽絨外套竟然全都結冰了，剛還在幻想收割成果的好心情瞬間一掃而空，每一分鐘都是生死交關。

越深入冰河，越發現這裡是完全暴露的環境。我置身於廣闊的冰河，頭燈的光線讓我看見暴風雪正猛力強襲而來，自西往東吹，有如一道滾滾洪流。不過我知道只要將裝備覆蓋保護好皮膚，並管控體溫和速度，應該能安然度過。如此毫無障蔽的環境讓我格外緊張，進入風雪前我已做好準備，每一刻身心都處於高度警戒，我呑了口水，冷靜地踏進暴風雪裡。

「颼颼颼！」耳邊傳來急速的風切聲，擦過我的外套發出嘶嘶聲。強風不時晃動我的身體，粉雪大浪拍打著我的軀體，颳得我衣服上都是風雪。我嗅到空氣中有種莫名的危險，胃開始縮了起來，我既恐懼又沉迷於這股來自大自然的力量。

究竟是眞正的暴風雪準備襲來，抑或只是颳風而已？這是個無比荒涼的地方，我已在這裡待了九天以上，還是第一次遇到這樣的大風雪，在這漆黑的夜裡，有種可怕的東西正隱匿在滿天狂舞的飛雪中，一股突如其來的擔憂，讓我預感彷彿有事情要發生了。

我開始緊張起來，戰戰兢兢地前進，只想快速離開這一帶，但沉重的裝備與疲憊不堪的身體拖住了我的步伐。只見風雪忽然變得強勁，天氣狀況急轉直下，風雪從右側、正前方迅速湧來，我身處的位置毫無遮蔽，羽絨外套不僅結冰，而且開始結凍成塊，「幹！看起來很不妙！」我驚慌大叫，過往裝備從來沒有這樣結冰過。我把帽兜繩拉得很緊，只在眼睛附近露出一道小縫隙，但護目鏡結冰了，雙眼的睫毛各結凍成一塊，眼睛也凍得快張不開，可見範圍變得極小。接著身體漸漸失去溫度，雙足也失去知覺，腳掌凍得刺痛，手指全麻，這種情況下繼續前進很不安全，而且很危險。

爲了取暖，我抓了兩把巧克力和綜合堅果吃下，旋轉著手臂，並套上防水鞋套，大步快速活動雙腿。我已經穿上最後的羽絨外套、羽絨褲、防水鞋套，沒有更多的禦寒衣物了，然而身體還是不斷發抖，牙齒也不斷打顫，照理說應該不至於冷成這樣，還是我的身體出現了問題？

賽事中體重減輕是必然會發生的事，因爲在運動過程中，身體會先以醣類與脂質作爲主要能量來源。身體脂肪組織分成兩種，體內脂肪與皮下脂肪，除了保護身體外，亦具有隔絕與保溫的作用。如今我的肩膀、背部和雙腿已經少了將近十公斤的肌肉，皮下脂肪也燃燒殆盡，導致我變得很容易發冷。

極地求生守則裡提到，失溫的時候，要確保有食物，以及好的睡眠，但九天下來，我幾乎都無法滿足這兩個條件。所以不管怎麼累，我只能告訴自己，此刻並不累，就當作對自己說謊也好。於是我繼續往前走，越走越冷，一直和自己說沒事，不要緊的，我一定會安然度過這場風雪。

半夜四點多，越深入冰河，風速越強，雪塵鋪天蓋地而來，吞沒了大地的聲音。我想盡快離開這裏，但是操之過急會造成危險。能見度越來越低，前方的軌跡也被風雪掩蓋住，我陷入困境，不僅難以判定正確的路線，同時也已瀕臨體能的崩潰邊緣。零下五十度，體溫直直往下掉，身體勉強可以前進，但狀況極差，我知道沒辦法撐得太久，感覺自己就要被風雪摧毀了。

死亡的恐懼朝我襲來，暴風雪也帶走我的體溫和心中的希望。

我抱著一線希望四處尋找遮蔽物，但一望無際的冰河上根本無處藏身，只能小心翼翼地前進。我已經回不了頭了，必須堅持下去，但現在判斷能力降低，加上凍傷、失溫，死亡的風險急速升高，如果風速不減弱，不，是必須馬上要減弱！否則我真的會不支倒地！此時，我已站在人類瀕臨死亡的最後一道防線，我擺脫不了這股恐懼，恐懼控制了我。

我很清楚，這很可能是最後一道的艱困關卡，「就是現在嗎？你給我的最後考驗？」我對著黑夜與這片荒野吶喊，我要它知道我已準備接受挑戰。經歷了這麼多極地賽事，我非常了解現在的狀況多麼危急，如果再繼續走，不用多久我馬上就會失溫！我也無法選擇在狂風暴雪毫無遮蔽物的冰河紮營，我似乎快堅持不下去了，快失去知覺了……我好累，真的好累，已經極限了。搖搖欲墜的身體彷彿隨時都會倒下……

當死亡輕撫臉頰

空氣中瀰漫著奇異而孤寂的氣氛，狂風在這片凍原上怒吼。我在情緒、精神、生理上都已瀕臨快崩潰的邊緣，這種完全與文明隔絕的強烈孤獨感，是我過去從未感受到的。我快失溫了，意識逐漸模糊，恐懼感充斥心頭，我無法控制自己，我停了下來。

不管在這裡紮營有多危險，風雪多大，我已別無選擇。我隨意抽出露宿袋與睡袋，連鞋子與外套都沒脫就往裡頭鑽，只想趕快躲過這場恐怖的暴風雪。我在露宿袋裡抖個不停，即使把拉鍊拉好把頭縮進睡袋裡，風還是不斷吹進來，即使穿著極地羽絨外套和所有衣物，依然冷到受不了。我摸著頸動脈的脈搏，跳得緩慢而微弱，而外頭風雪又一副要把露宿袋吹走的態勢，我感到虛弱又害怕。

所有衣服與面罩都結冰的我，全身不斷顫抖，只祈禱在睡袋裡能讓自己溫暖一點，但過了一段時間依然沒有用。「馬的，再不想辦法……我會凍死的……」，看來真的不能繼續待在這裡了，必須想辦法離開這可怕的冰河。這裡是監牢，我被困住了，只能在絕望中掙扎，沒有人可以幫我，沒有人……只有我自己才救得了自己，我要認清這事實！

水……突然好想喝水……好想睡覺……爲什麼我要受這種苦，爲什麼？到底是爲了什麼？我……不能這樣就結束啊，我一直那麼努力地跑著……

是爲了什麼？我是爲了什麼那麼拚命呢？

我忽然流下眼淚，現在……我是害怕死亡嗎？

對我而言，死亡一直是種假設的概念，是抽象的念頭，但此刻它如此貼近，從黑白，添上了現實的色彩。

「啪、啪、啪、啪、啪、啪」，關掉頭燈後一片漆黑，我雙眼直視著黑暗，暴風雪吹得露宿袋陣陣作響，好可怕……像是黑洞一樣逐漸將我吞噬，身體被疼痛折磨得太久了，我好想哭，卻哭不出來，感覺已經麻痺了，喪失思考能力，只能任由一波波的恐懼如風雪般繼續吹襲我的內心。寒冷從外頭爬了進來，沿著動脈和靜脈，無情的蔓延至全身，帶走我的體溫，我無力抵抗，一切已變得緩慢而柔和，意志殘存無幾……一陣陣的寒風與死亡氣息

撫過我的臉頰，已被凍得麻木的我，呼吸變得相當緩慢，也漸漸感覺不到疼痛和寒冷了，只想睡覺，不在乎之後會變得如何。我空洞地凝視著前方的黑暗，它正向我招手，這是一場無夢的睡眠，夢裡沒有痛苦，接近死亡。躺下來吧，我已經夠努力了，經歷了這麼多事，跑遍了世界，苦熬過這麼多的黑夜，應該已經不枉了吧……至少，還算是活出了一場精采的人生了吧……我閉上眼，決定結束這一切的痛苦……

理智戰勝恐懼

我不懼怕死亡，但當死亡降臨，突然間一股力量衝擊我，撞向我。我在怕什麼？我到底在怕什麼？難道就這樣被擊倒嗎？離開！離開這裡！前進！繼續前進！再待下去會死的！會死！會死！會死！我不能就這樣離開這個世界！

我之後回想起來，眞的覺得此時能把這股想

美麗的極光彷彿在鼓勵我繼續走下去。

法化爲行動是一個了不起的成就。當時的我已經凍僵，不斷發抖，極力抗拒強烈的睡意，鼓起勇氣來正視這個念頭。是什麼讓我懼怕成這樣？我起身奮力拉開露宿袋把頭探出去，一道強風灌了進來，我隻身待在空曠的冰河上，對抗大自然的力量。頭上的星星清晰可見，看似很近卻又很遙遠，一閃一閃著，我和雪地共同沐浴在明亮的星光中。此時天空出現了不同的顏色，一大串極光從左前方噴發出來，射向天空，好幾條綠色的極光不斷交錯旋轉。我深受眼前影像的震撼，有點不敢相信地揉了揉結冰的雙眼，一道道在天空漫遊的極光，這股奇特的力量彷彿在對我說：「往前走吧，活下去，你可以的，孩子，繼續走下去，你可以的。」

我離開露宿袋站了起來，雙手打開對著強風大吼，「喝啊～～～～～」，一次毫無意義的咆哮，只為拉自己一把，那個可能被恐懼吞沒的自己。振作，為了成功，必須有強大的動力，但動力太強，卻有可能送命，熱情與魯莽只有一線之隔。

我抓了一大把雪往臉上打，並將雪吞下，試圖讓自己振作起來。你有多大的決心讓你做出犧牲？才足以成事？才能抵達終點線？自信、決心、對勝利的執著，以及驚人的耐力，我回頭思考這一切，放棄實在太倒胃口了！我投入了太多勞力、太多無法入睡的夜晚、太多夢想才走到這一步，才走到這個距離。放棄？實在太倒胃口了！

突然間，我沒有那麼害怕了！我接受身體上的痛，但已不再那麼害怕了，我被自己的轉變嚇到。

恐懼感減緩後，我忽然感到手指痛得像燃燒的火焰，我轉身發現暴風雪已經抹去我剛剛留下的所有足跡。奇妙的是，這時我竟然還想拉肚子，而且相當急！我快速把東西收好，直接脫下褲子就地解決，只見排泄物不斷冒著白煙，然後迅速結成冰，頭一次，屁股和生殖器凍得像被一百個巴掌用力甩過般的酥麻，我邊發抖邊笑了出來。

該離開了！我不住顫抖的看著天空，黑夜有種淒寒迷幻的美，我越往前走，這種美就益發濃烈。一輩子沒見過那麼多星星點綴著冰凍的天空，絢麗的極光在雪白的凍原地穿梭奔騰，照亮、串聯了星空與荒原，我的雙眼泛出了淚光……好想和人分享這一刻，和生命中重要的人分享。可惜的是，周遭只有我的喘息聲與腳步聲，戴著頭燈獨自一人的我，給了自己一個微笑，繼續發抖著在黑暗中前進……

這個畫面讓我感受到一股陌生的祥和感，眼前的世界逼真得驚人，卻又極不真實，我感到恍惚，卻有種解脫感，但是我還是得一再提醒自己，此刻的氣溫是零下五十六度，正刮著可能致命的風雪，我依然走在死亡的邊緣。

這是一場驚心動魄的冒險，我在其中感到自己的怯懦，卻又有說不出的著迷……我試著讓自己相信前方一定會有遮蔽點，但一路上擔心受怕，走了約一個鐘頭，終於看見了前方的黑影，太好了！總算成功穿越了十分驚險的冰河地段！

離開冰河後進入無風的森林地帶，沒多久，我筋疲力竭的找到了避風處，右側遺留有雪橇犬競賽睡覺的稻草。我已經無力前進，等不及脫下鞋子就衝進露宿袋，把拉鍊拉緊，全身縮起來發抖著，累得無法動彈。我頭一次感到自己這麼虛弱，活到現在我從來沒有這麼虛弱過，但我知道我安全了。

度過了漫長、淒冷又絕望的一個晚上，希望明天早上等待我的，是晴朗的好天氣。

期待奇蹟

「轟隆隆隆隆隆！」「有人嗎？你還好嗎？」我被外頭傳來的聲音驚醒，一睜開眼但還是一片漆黑。外頭出現雪上摩托車的聲音，原來我還在露宿袋裡，驚嚇之餘趕緊拉開拉鍊，刺眼的陽光讓我有點睜不開眼睛。我看了看錶，竟然已經早上十點半了！「你還好嗎？Tommy，需要什麼幫忙嗎？昨晚颳起了很大的風雪，有些選手待在檢查站過夜到今天早上才出發，我們看你的 GPS 定位半夜依然繼續前進，停留的時間和以往不同，而且到早上都沒有移動，很擔心，於是過來關心你的狀況。」

我驚魂未定，昨晚真是他媽的太恐怖了。

「有人追過我了嗎？到終點還有幾公里？」

「我看到有人已經追過你了，大約距你五分鐘後方還有一位，你們三人離得相當近。大約再七十五公里就到終點了，你還有水和食物嗎？記得讓身體保持溫暖。」

工作人員確保我平安後就騎車離開，果然沒多久後方就出現了腳步聲，是英國的 Thomes 追了上來並超越我，我驚慌的爬起來，趕緊把所有裝備塞進雪橇匆忙上路。

「十點半？」「早上十點半，我昏睡了四個半小時！」我不敢置信，昨晚受到的驚嚇還未平復，現在又被兩位選手超越，對於浪費這麼多時間感到洩氣，而被其他選手追過更讓我大受打擊，拚了十天，原本領先至少十小時，卻在最後關頭被追過。不，我不能讓這種事發生，也不允許讓它發生，我已經經歷太多煎熬和考驗，如果輸了比賽，就太不值得了。

我忽然感到異常的口渴，喝了六〇〇CC的巧克力，應該是這幾天嚴重脫水與昨晚失溫的緣故。接著我開始奔跑，奮力追趕，Thomes 離我約五至十分鐘的距離，而 Manfred 大約超前我四十分鐘，我祈禱能夠盡快追上他們，完全沒有停下來休息，連有尿意時都是邊走邊尿以節省時間。

一個小時過去了，連個人的影子都看不到。我感到異常疲憊，心臟也出現了壓迫與絞痛感，我將一切都寄託在雙腳上了，有可能起死回生嗎？有可能和前幾天一樣的狀態嗎？我還能跑已經是個奇蹟了……奇蹟，還有可能再發生嗎……

小徑越來越寬轉成爬坡，而且越來越陡，沒有任何喘息的空間，也沒有任何平地，不斷轉彎往上，一座山接著一座山，我這三個小時來沒停過，雪橇感覺如千斤重，無論怎麼使命的拉，它都移動得相當緩慢。

下午一點多，我爬上了九百多公尺高的山頂，終於看見了Thomes與Manfred，他們正在山頂背風處休息煮水準備吃一餐脫水食物。為了最後段的體力，我猶豫著是否也該停下來這麼做，但這是超越他們的絕佳機會，於是我與他們打招呼示意後就超越他們繼續前進。

一小時後我回頭看看後方，完全不見他們的身影。我感到虛弱與飢餓，血糖下降不少，連續兩天沒吃多少食物，也所剩無幾了；我停下來拿出咖哩飯脫水包，但煮熱水實在太浪費時間，鐵定會被追上，於是我直接將熱水瓶的水倒入脫水包，但瓶中已是溫水，食物根本化不開，不管了，我把脫水食物放進身體裡加溫繼續趕路。約二十分鐘後，我從懷中拿出來大口吃光，有些還是硬的粉，但也管不了那麼多了，我需要這份熱量做最後的衝刺。

爬上最高的山頂，頭一次俯瞰所有景觀，夕陽照耀的雪地與冰河，壯麗得讓我停下腳步喘息，接著是一路下坡。幾天下來早已習慣了腫脹刺痛的腳踝，我完全忘記要停下來休息，任憑整個人被痛苦吞噬，疼痛吞沒了腳踝延伸到膝蓋，又延伸到大腿，一股火辣辣的灼熱感占據了所有思緒。

賽道變得非常寬，有慢慢靠近文明的跡象，我知道，我快要抵達終點道森市了，剩沒多遠了！我開始加快速度，希望能在天黑前抵達，或是晚上九點前。經過昨天的經歷，我沒辦法再度過如惡夢般的漫長黑夜了，連一天都無法再撐下去了。如果我不設法消除這股湧起的不安，它就會慢慢茁壯而吞噬我，爲了揮別它，我只能憤怒！

「喝啊啊啊啊啊啊啊啊啊啊！」「啊啊啊啊啊啊啊啊啊啊！」「快要到了！加油！陳彥博！加油啊！就要到了啊！」我大哭大吼大叫，直到聲嘶力竭，爲的是讓意志更加堅定，我要一鼓作氣跑向終點，今晚一定要到終點，否則我將會倒下。

對於訓練，我從沒有怠慢過。衝啊！衝啊！衝啊！平常的我不是這樣子的！

我想起了出發前潘教練對我說的話：「把至今練習起來的東西寄託在你的雙腳上。」是啊，爲了迎接這場空前絕後的巨大挑戰，我在賽前特訓的負重輪胎都不喝一口水持續跑步，而且不斷重複這樣的特訓。我將累積了十年的訓練都寄託在雙腳上，面對生平最長距離的賽事，我辦得到，這場比賽我不能輸，因爲背後還有支持我的那些人。我就要到了！

此時我清楚知道自己一定可以辦得到，至於怎麼做、多久才能到達，沒有任何想法，但我知道我可以！

夜幕低垂，我開啓頭燈倉促而慌張的做最後的加速。晚上八點多，我第一次停下來坐在雪橇上休息；已經連續跑了十個小時，一旦停下腳步，就再也不想移動，繼續休息比振作起來對付風雪與斜坡來得容易多了，於是我就這麼坐著，任由風雪襲擊，任思緒紛飛，什麼事也不做，就這樣過了二十分鐘，對於自己即將抵達終點感到緊張和不安，是害怕回到文明嗎？接著不知道爲什麼，我又像是極欲逃離這裡般，燃燒起最後的力量，起身向終點奔去。

下山進入了平地，十天以來頭一次看到大大的路標排指引方向，讓我相當振奮，心裡充滿激動。昨夜深入內心的恐懼已被拋到腦後，我用超出負荷的速度持續向前，我看見了兩個高塔的紅燈，但是它們在一座山後難以目測距離，「是城市！是文明啊！」我滿懷激動地繼續加速。我進入了汽車行駛的雪地路段，雪已被鏟到兩旁，此時極光再次出現，但我沒有心思欣賞。

又過了一個小時，還是一片漆黑，我有點沉不住氣，覺得想像落了空，身體開始搖搖欲墜，僅存的力氣所剩無幾，體溫又開始下降，即使穿了羽絨外套也感到寒冷。拜託……拜託快到啊……我快撐不住了……已經晚上十點多了，我不知道還能撐多久，透支的體力早已經超越極限了，光憑意志力能夠撐到什麼時候……現在拖著身體前進的是本能嗎？還是野性……不知道了，身體還是自動前進著……

大大的路標鼓舞了我終點線就在眼前。

顛狂的邊際

黑暗中出現了一道白色亮光，有人！是攝影師世軒，他看到GPS定位知道我即將抵達，特地走出來爲我打氣，「剩最後五公里！撐下去！」他爲我注入最後的力量，接著趕去終點等我。

距離終點只剩五公里了，但我仍覺得遙不可及，痛苦萬分，這一小時過得好漫長啊……半小時後，前方出現了黃色的亮光，路燈！是路燈啊！驚訝與感動湧現，拜託你了，我的身體，再撐一下就好了，陪我到最後一刻吧！越是靠近，越沒辦法相信，爲了達成這個夢想，這個誓約，眼看就快要到終點了。

突然間，前方左轉往下進入結冰的溪流小徑，不斷穿梭，黃褐色的路燈又離我遠去。希望頓時落空，意志又再度崩解，我再也撐不下去了，頭暈得好厲害，失溫的身體不斷發抖著，眼前一黑，夠了！夠了！讓我休息！我要停下來！拿出睡袋！立刻！就是現在！我已經要昏倒了！就要崩潰了！

我停下了腳步，體溫迅速下降，我把羽絨褲穿上，還是抖得很厲害。面罩與領口都結了冰，保溫瓶已經沒有保溫作用，倒出來的巧克力都是冷的，我抖得連水杯都抓不穩，滴了好幾滴到手套上。飢餓、寒冷、痛苦、壓力、頭暈、發冷、噁心……一次爆發，即使終點只剩兩公里，我也無法再繼續下去，還差點就要拿出睡袋休息。但我知道只要一停下來，我將再也無法前進了，甚至可能需要急救。振作起來，振作起來，再撐五分鐘好嗎，求求你……

我再度站起來拖著身子前進，每走一步都像鉛塊般沉重，每一步都站不穩，即使穿上所有禦寒衣物我還是發抖著前進。最後的兩公里，好痛苦、好漫長。

小徑終於右轉上坡，經過了一艘停泊的船，回到了滿是黃褐色路燈的道路，右側全是房子，街上沒有任何人。我在前方兩百公尺處，看見了兩個白色頭燈，有人正對我揮手，「Tommy～」終點！是嗎？是嗎？終點！我用盡最後一絲氣力，拖著身體靠近，每走一步，這十天的畫面全都回到了我腦海，不斷快轉、快轉、快轉，紛亂複雜的情緒在腦中奔騰著，直到我踏到最後一個打X的標記，用力將雪杖插在地上，再也壓抑不了，我瀕臨崩潰般地哭了出來，哭了好久，哭泣的聲音傳遍整個黑夜，我……終於……抵達了，抵達了七○○公里的終點線，成爲第一位成功完賽的亞洲人！

雖然疲憊卻感到驕傲，我成為亞洲第一位完成世界最難極地超馬賽事的選手。

14 挑戰生命的極限 CP10

二月十四日凌晨十二點十五分，我成功抵達七〇〇公里終點道森市，花了十天十一小時又十五分，徒步跑步組第三名，並打破馬克的三十歲，以二十七歲成爲最年輕完賽選手的紀錄，也是賽事至今首位成功完賽的亞洲選手。

攝影師馬丁走過來擁抱我，「Amazing! Tommy, You Finish it!」我回過神來，腳步停止了，我已經抵達終點，前方沒有任何標記了。熱淚滾落臉頰……情緒頓時崩潰……我抱著馬丁大哭：「整整十天……整整十天……我過得好痛苦……每天晚上都哭出來……感覺好孤單……好孤單，只有我自己……無法再承受下去了……」

我把潘老師送我的護身符一直放在胸口，是我能平安完賽的心靈寄託。

馬丁是世界極地有名的攝影師，他沒有說話，只是抱著我，我看到他的眼眶也泛紅流下了眼淚。

梅林爲我戴上完成比賽的獎牌，還差點因爲卡在結冰的羽絨外套帽子上而戴不上去。終點沒有眾人的歡呼、沒有眾人的掌聲，就只有一面獎牌。

「就只是爲了這面獎牌嗎？整整十天的痛苦與漫長的煎熬……」

「沒錯！」

我用頭燈照耀藍色發亮的獎牌表面，上頭寫著「二〇一三育空極地挑戰賽」，我翻過到背面，又哭了出來，上頭寫著，**430 mile Finisher**。

我輕吻一下獎牌，輕咬了一下，「還不錯嘛……」，大家聽了笑成一團。

這獎牌代表了我這段期間所努力的一切，這是甜美又痛苦的過程，是一個得來不易的榮譽。

因嚴重發炎腫脹如象腿的腳踝。

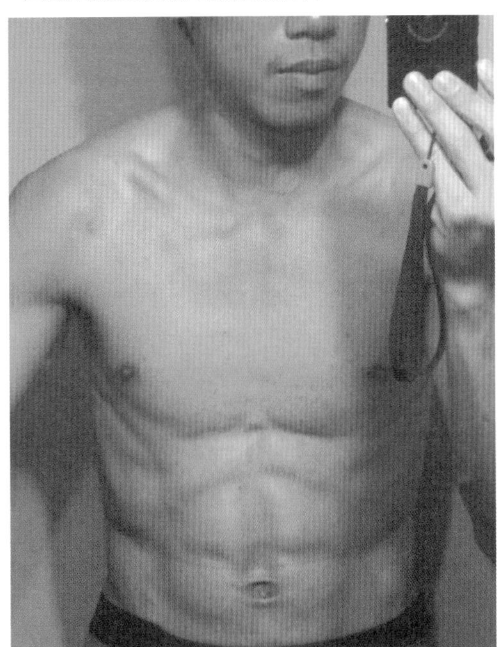

十天來我瘦了十五公斤，全身肌肉線條變得十分明顯。

重返文明

回到旅館，我解開雪橇。在賽道上待太久，卸掉所有的裝備讓我很沒有安全感。我癱坐在房間門口，煮了一碗又一碗的泡麵，十分鐘內喝了快二千ＣＣ的水。接著我開始久違的盥洗，脫下襪子的味道讓我差點吐出來，臭氣薰天，現在才發覺身上散發著濃濃的野性的味道，連忙打開窗戶通風。

低頭審視兩隻腫如象腿的腳踝，一彎曲就會痛，腳趾還殘留了些黏稠的黃色組織液。脫下衣服後，我在廁所看著鏡子中的自己，有點認不出來了。雙眼紅腫，頭髮油膩，雜亂的鬍鬚，削弱的身體，每天賽事消耗的熱量都破萬，十天來我整整瘦了十五公斤，全身布滿肌肉的線條，不帶一絲贅肉，所有的部位都變得結實強勁，我從來沒有看過這樣的自己。

打開熱水淋到身上，我滿足地傻笑出來，究竟等待這一刻多久了呢，這是從來沒想過的奢侈。我沖了好久好久的熱水，洗了三次頭與身體，刷了三次牙，一切像是以慢動作進行著，我格外珍惜這一刻，並感到幸福。半夜四點多，我躺進柔軟的床鋪，看著天花板與窗外的白雪，一股安全感包覆著我，但我覺得自己仍然有一部分留在荒野中，眼前的一切好不真實。

我赤裸裸地躺在床上，室內寂靜無聲，內心湧上一股空虛，而這安靜令我感到害怕。

我聽著自己的呼吸聲，沉浸其中，我轉身側躺，發現枕頭濕濕的，這才驚覺自己正不斷地掉眼淚，淚水沾濕了一大片枕頭。

我不斷自睡夢中驚醒，說著夢話，冒了滿身汗，還差點跳起來要穿上衣服拉雪橇出發。一旁的攝影師世軒看到我的眼神充滿驚慌，不斷安撫我，「沒事了，你已經安全了，你現在在旅館裡，比賽結束了。」我冒著冷汗，好一陣子才回過神，但還是重複做著相同的惡夢。

我昏睡到下午三點，幾乎爬不起來，頭、身體如鉛塊般沉重，意識不太清醒。印象中第一泡尿味道重而濃黃，不知道身體究竟起了什麼樣的變化。

我到餐廳點了一份牛排和熱巧克力，乾渴的一杯接著一杯，喝到肚子痛了繼續喝，嗆到咳嗽還是使勁喝，這種暢快讓我痛苦而滿足。牛排與醬汁的香味讓我迷醉，連口水都流了出來也沒發現。沒想到吞下第一口時，馬上就引發胃痛，原來是連續十天都吃流質食物，突然吞下固體食物而導致胃痙攣。醫生建議賽事結束後三天內，最好食用吐司、沙拉、魚肉等容易消化的食物，之後再慢慢回到正常飲食，肉也必須切成小塊多咀嚼幾次，讓胃慢慢恢復正常的功能。

馬丁走過來遞給我一罐啤酒爲我慶祝，但我才喝三口就醉了。對於賽事結束後眼前所發生的種種景象，我還是不敢置信，這座城市對我而言好陌生。

抵擋不住強烈的虛弱感，我變得常昏昏欲睡，對於身體遲遲無法恢復體力讓我有點擔心，焦急地想著是否已經把身體燃燒殆盡了。自從抵達終點那一刻，體內的某個一直以來支持著我的事物崩塌了，這五天來，除了上廁所、吃午晚餐，我都躺在床上昏睡。每天起床都會出現的男性生理反應，從比賽到現在十五天過去，我一直感覺不到，它就像海膽一樣毫無反應彷彿在冬眠，我感到很緊張。終於，休息到第六天我一睜開眼，它起死回生了，感謝上天，我看見了世界的彩虹。

撥開迷霧

四周一片漆黑，僅有頭燈的白光，我迷失在黑暗中，找不到標記，接著轟隆轟隆聲震耳欲聾，左方騎來一台雪上摩托車看了看我，然後又離開，車燈消失在黑暗中。「等我一下！我怎麼會在這……我記得已經比完所有的比賽了啊，不可能啊，這是哪裡……不要走……帶我走！」我飛奔往前衝，然後驚醒，是一場可怕的惡夢。我一直夢到自己獨自走在漆黑的雪夜中，躺在密閉的露宿袋裡驚恐發抖的大叫，醒來後周遭依然是一片漆黑，我到底在哪裡？到底在哪裡？誰可以救救我……我醒了嗎？還是在比賽中？我分不清現實與夢境，總是在半夜驚醒，連床單也被我的汗濕透了，我必須花上好一段時間才能確定我在室內，在床上。

我每天晚上做著類似的惡夢，或是突然毫無預警地想哭，感到無助與恐慌。我開始害怕黑夜，睡覺時必須開一盞燈才睡得著，做惡夢驚醒時才能立刻知道我在哪裡。

醫生告訴我，我患了創傷後壓力症候群或幽閉恐懼症時，我感到有些驚訝，可能是因爲獨自一人待在冰河和荒野中太久的緣故。比賽期間，我爲自己訂定了嚴格的時間表，每天睡不到三小時，有時更徹夜未眠，讓自己長期處於極大的壓力下，長時間感到生命飽受威脅與各種壓力。冰河破裂與暴風雪失溫的記憶深植在腦海中，即使已經回到了安全的空間，還是久久無法忘懷。

醫生表示，這種症狀經過一段時間就會消失，幾乎每位選手都曾經歷過。成因是大腦杏仁核中的神經元刺激賀爾蒙分泌，把恐懼的印象烙印在大腦，讓人難以忘記。只要多接觸人群、多與人說話或打開電視，試著讓自己重返一般人的正常生活，就會慢慢好轉。

加拿大育空七〇〇公里極地橫越賽後，我努力想把獨自穿梭極地的黑夜逐出腦海，回歸正常生活，但眞的好難，我不斷試著撥開情緒的迷霧，努力理解這短短十天所發生的一切。這是我第一次面對自己最脆弱的一面，我希望在這段恐懼尙未離去前，能眞正完全坦承自己，野性的、原始的、殘酷的自我坦承……並從這段冒險中吸取經驗，藏入記憶深處，理解、接受，最後放下。這是一種深沉的自我發現，身體的傷會治癒，銘記在身體記憶中的恐懼感卻難以忘懷。

第五天稍微能夠走路，我走了幾條街到終點線的位置，然後再走向較高的地方，坐在雪上看著遠方冰河與山裡一路延伸過來的賽道。凝視時，我忽然感到害怕而一陣顫抖，有股力量躲在山後，比我想像的更龐大、更危險，無論口述這段經歷有多痛苦可怕，我還無法以文字來形容這段孤寂恐懼的日子。這段深植於記憶深處的眞實經歷，遠比任何文字或影像生動許多。

我突然哭了出來，這是個祥和的自我淨化過程。我思索這十天的所有經歷，感覺自己彷彿過了一整年，許多激動漸漸消失，只剩下平靜。我再度感到這一切的不眞實，望向遠方，曾爲許多事哭泣的我，在此經歷了最脆弱與最堅強的自己。

待了一個多小時，吹著寒風，想念起前幾天仍身處荒野中的我，嘴角不禁露出一抹微笑。此刻站在終點線，我心想，所謂的冒險，不是冒生命危險，而是冒心理的險。成功不在於力量，而在於能堅持多久。

我們出生於文明，在大自然中被喚起原始的野性，

不是征服，而是以虔誠的信念擁抱，大地之母會張開雙臂接納你。

再見了。這趟冒險，我想需要好幾年，等待我動筆完成時，才能夠釋懷。

我站在終點道森市高處回顧十天來的遭遇，彷彿有股神秘的力量深藏在森林間的冰河裡，難以言喻。

生活不可能如你想像的那麼美好，但也不會如你想像的那麼糟。我覺得人的脆弱和堅強都超乎自己的想像。有時，我們可能脆弱得一句話就淚流滿面，有時，也發現自己不知不覺咬著牙走了很長的路。

——莫泊桑《羊脂球》

總里程

520 公里

天數

9 天

平均氣溫	負重
-2~45°C	14 公斤

|最|終|站|

2013 THE TRACK Outback 520 km race

澳洲 520 公里內陸超馬賽

01 台灣運動員的體認

育空賽事結束後沒多久，我的腳踝依然沒有消腫，髖關節、阿基里斯腱、小腿僵硬疼痛，渾身是傷，肌肉失去彈性，導致活動不便，一走路就隱隱作痛。每天起床後不久就感到異常疲憊，不久身體開始出現狀況，腳底的皮全都脫落，左胸長出發癢刺痛的痘子，碰觸時像被電到一樣痛到無法入睡。爸爸很擔心，要我趕緊去醫院檢查，診斷後赫然發現「蛇皮」上身！

我在加拿大七〇〇公里極地橫越賽的十天賽事中幾乎沒有睡眠，而且過度疲勞，造成體內器官的負荷過大，加上返國後工作接踵而來，身體和心理壓力瀕臨極限，比賽完後又沒能好好休息，免疫力持續下降，才受到病毒感染，又稱帶狀性皰疹（俗稱蛇皮或飛蛇），這種病的特徵是沿著神經分布的皮膚，會出現紅疹劇痛不適感。老一輩人都說，蛇皮長一圈就會死亡，而醫生也建議我先停止訓練。沒想到比賽時的痛苦還沒結束，所有的病痛一次爆發，看來是身體在向我抗議了，而難忍的搔癢與刺痛，讓我真的像蛇一樣蠕動得快發瘋。

我開始進行馬拉松式的休養、復健與治療，每個星期都向國家訓練中心特聘醫師周世偉報到，注射葡萄糖水治療運動傷害。

周醫師發現我的身體狀況極差，慎重地問我：「彥博，你的傷勢必須趕快治療，今天你可以容忍幾針？」我有點緊張地回答：「嗯……二〇一〇年去南極參賽時就給周醫師治療過了，應該不會差太多吧？都可以。」周醫師馬上回答：「喔！果然很勇敢，這才是我喜歡的運動員，護士小姐，請幫我準備十四針。」我瞪大眼傻了！蝦密！十四針！我之前注射葡萄糖水治療時，就已經痛到哀號不已，我不敢想像接下來會發生什麼事。一旁的學弟翰喧拍著我說：「哇，學長你好帥，是眞男人，超棒！」

長長的針，十四個部位，腰部、髖關節、膝蓋、腳踝，每一針都從肌肉插進去，我痛到快把床單給咬破。醫師還會調整針頭位置找痛點施打，我咬牙忍耐，痠到幾乎說不出話來，煎熬了長達五分鐘之久。

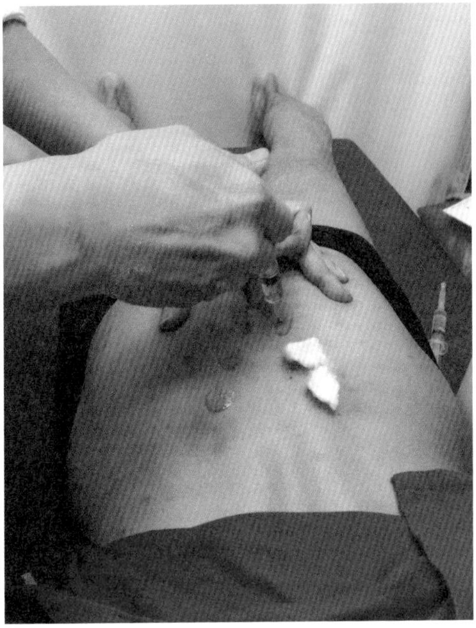

已痠痛到快飆淚的我，忽然被一針注射到臀部，我痛到無法控制自己瞬間夾緊臀部，針頭頓時被我強大的臀大肌夾住，一旁的護士緊張的說：「哎呀！快放鬆！快放鬆！如果把針夾斷了還要送醫院拿出來啊！」

我當然知道啊，但是這麼痠痛叫人怎麼忍受啊！

鄰床是一名肌肉壯碩、看起來很性格的健美選手，他接受注射沒多久後我就聽到一聲

加拿大賽事太疲憊讓我「蛇皮」上身，加上滿身的運動傷害，治療時吃了不少苦頭。

嘶～～的長音傳來，接著迅速拉高成世界男高音的分貝，等到布簾拉開後他的眼角竟泛著淚光，反觀我每個星期都得來報到一次，實在好慘，但真的是有效又快速的治療方式。

復健與備戰

我拖著身體開始進行賽後進場大保養。防護員Alumn不斷幫我把僵硬的身體做強力伸展，把我折來折去，試著讓我恢復原有的彈性，每次結束時我都是一身大汗淋漓，全身無處不痠痛。我一天至少進行五小時以上的漫長復健與治療，但遲遲不見好轉的跡象，我忍不住開始擔憂，我的身體從來沒有這樣低潮過，深怕來不及準備兩個月後的澳洲五二〇公里賽事。

國立體育大學Michael老師介紹中壢壢新醫院林頌凱醫師給我，熱情友善的林醫師了解我的傷勢後，馬上召集運動醫療中心的專業醫師團隊，骨科、復健科、內分泌科、心理、中醫等醫師群幫我徹底診療。林醫師在會議上說：「謝謝所有醫師團隊的參與，運動員的生命很短暫，彥博是國內特殊的極地超級馬拉松運動員，剛比完七〇〇公里橫越賽事，兩個月後就要去澳洲參賽，現在身體一堆傷，我們的任務就是盡力治療，讓彥博能夠在最佳狀況參賽。」醫師團隊對我的照顧令我相當感動。

其次做完核磁共振後，林頌凱醫師問我：「彥博，有打過葡萄糖水嗎？最多幾支？」我傻傻的帶點得意地回答：「十四針。」

「你馬上就要參加澳洲五二〇公里的賽事了，你最多能夠忍受幾支？」

這句話聽來有點熟悉，我突然傻住，後悔剛才一副洋洋得意地大秀戰績。這下子我破了人生忍痛的最高紀錄，十六針！其中兩針是將玻尿酸注射入腳踝。從頸部一路到腳踝，我閉著眼睛像小孩般雙手緊抱枕頭，一旁的林醫師則一直和我聊天，趁我分心時才注射，害我常回話到一半不自覺痛到飆高音。

玻尿酸打到一半時，我突然說：「林醫師，那個……等等……」

「怎麼了，很痛嗎？」

「那個……不要浪費，可以留一半打臉嗎？」

「傻瓜，這完全是不同成分啊，哈哈哈！」

還以爲能夠稍微美顏變成帥氣小生，嘖嘖，這下沒機會了。

接著我又進行針灸和電療，徹底放鬆深層肌肉，並用中藥調理身體。我每個星期都從台北開車到中壢接受治療，從早上十點到下午四點多，回台北後晚上再繼續訓練，補強不足的核心肌群。漫長的治療過程疲累又煎熬，但我一句都沒喊苦，也沒讓爸媽知道。我細細地體會、感受運動員一路走來的點滴。

運動員長期處在高強度的訓練過程，賽後極需良好完善的照顧與治療，才能確保健康的身心，以面對長遠的挑戰。當然，回到現實面，還是要先能養活自己。

我如何養活自己？

回國後，即使長了蛇皮，醫生叮囑要休養，我還是沒有辦法好好休息。極地超級馬拉松賽沒有任何獎金，防護員、機票、裝備、移地訓練、報名費、攝影師……一年花費起碼百萬起跳。爲了生活，治療後的短暫空檔，我必須忍著病痛趕去演講或參加活動，接著再趕回去訓練，常常飛車奔波，相當忙碌。

隨著越來越多人關注，一些人或是鄰居看到我時都會說：「哇，好好喔！贊助代言接不完喔，獎金很高吼！一定賺不少。」聽到這些話，都很令我難過。很多朋友問我怎麼養活自己，收入來源在哪，我都會回答，如果比賽成績不錯，有新聞報導，幸運的話，會有一些演講邀約和活動出席代言，這就是我的收入，也是唯一的收入。但如果成績不好，沒有前三名，返國後就很少邀約，也不會有任何收入。我曾經長達半年以上沒有任何收入。

生活是一場賭注。每次的極地賽事，更是我唯一的機會。我常常爲自己緊張，爲生活緊張，爲未來緊張……在運動場上承受壓力、病痛，輸了比賽還可能影響到生活，賽後更承受了巨大的壓力，低潮、平復、以及漫長的治療……

我常將體能逼向極限，不只在比賽中，日常生活也是。我必須嚴格要求自己不斷學習各種能力，力求成長與突破，否則運動員這條路隨時都可能就此停止，我必須撐下去。

然而，我算幸運了。大環境迫使台灣許多傑出的運動員爲了生活放棄這條路，即使擁有同樣的夢，卻力不從心。全台灣的運動員們，大家辛苦了！

回台灣兩個月，身體逐漸好轉，但沒多久我又要出發。醫師爲我備藥，並叮嚀如果蛇皮復發，或身體有任何狀況，隨時都要停賽。

再次坐上飛機，看著窗外直到起飛那一刻才意識到，轉眼間，五年了。我從二十三歲起，下定決心要用五年時間完成世界七大洲、八大站極地超級馬拉松賽，這張最初的夢想藍圖即將在澳洲南半球圓夢！時光飛逝，還來不及細細品嘗這段旅程，下一場冒險又即將來到。

但我心裡總是有個遺憾，至今我積極投入各種訓練，卻總是無法拿到冠軍，每次都是第二或第三名。我內心充滿期待，希望能在最後一場澳洲賽事一舉奪冠，劃下一個美好的句點。

我想在這九天盡全力享受這場比賽，不管留下的是汗水抑或淚水，都將是快樂的。對我而言，跑步本身已具有更深一層的價值與意義。

最終站在澳洲內陸的蠻荒大地展開。

02 開放的思考與態度

從寒凍的加拿大白色極地，轉為澳洲炙熱的紅土沙漠，差異很大的環境帶給我截然不同的心境。我提早五天抵達適應氣候，途中轉了三次飛機，飛機一降落在澳洲內陸大地，眼前盡是刺眼的陽光和一望無際的蠻荒大陸。

此次賽事地點位於澳洲內陸中心，從愛麗絲泉（Alice Spring）到烏魯魯（Uluru）五二〇公里的賽程，分成九天分站賽。澳洲約五分之一面積是沙漠，兩千三百萬人口和台灣差不多，但土地面積卻足足有台灣的兩百倍大。大城市坐落在海岸，內陸則是幾近與外界隔絕的荒野，乾燥炙熱的沙漠氣候不宜人居，方圓百里沒有醫院，因而需要內陸飛行員待命救援受困的駕駛，或接送病患送醫治療，有時飛行員還要載運信件、汽油、汽車零件、食物、屍體等等。

「轟！」車子奔馳在熱浪的柏油路上，載著所有選手與大會人員駛離市區進入荒野。幾個小時後，司機踩煞車猛轉方向盤離開公路，「吭

國外許多露營區都沒有管理員，但使用者付費與維護的觀念還是做得很好。

儘管滿身是傷，面臨新的挑戰我總是感到興奮不已。

嚨」一聲，駛下一條顛簸不平的紅土道，不斷揚起塵沙。約十分鐘後抵達峽谷旁由主辦單位搭建的移動式基地營，選手們將在這裡住兩天適應環境，並進行相關課程，了解如何使用地圖和辨識賽道標記。

跳下吉普車後，我興奮地將行李卸下車並整理好，接著把睡墊、睡袋放進帳篷，布置得像家一樣。下午的陽光非常毒辣，紅色的沙漠表面飄起陣陣熱氣，光是坐著就像火燒般汗流不止，彷彿置身在烤箱裡。

澳洲內陸四處可見露營車。

課程開始前我四處閒晃熟悉環境，才知道這座大露營區沒有管理員，一旁立著收費箱，每天成人五元澳幣、小孩二．五元澳幣，大家都很守規矩地把錢放入收費箱，並將黃色收據掛在帳篷外或露營車上，代表已支付費用。這裡也沒有垃圾桶，垃圾必須自己帶走，使用者付費與使用者維護的觀念落實得相當好。

我走到峽谷旁的小湖泊，脫下衣服躺在樹蔭下，身旁沒有任何人，像屬於我一人的天堂。此時一台有著手繪圖騰的小車在一旁停下，打扮嬉皮樣的三女兩男走了出來，年紀約二十四到二十八歲，以輕柔的聲調開心地聊著天，並在我右前方另一片樹蔭坐下。隔沒多久他們開始脫衣服，我感到臉紅心跳，但其實在國外曬日光浴很正常。接著讓我來不及反應的事情發生了，他們突然一件件全身脫個精光跳進池裡游泳，完全不忌諱我在旁邊。沒多久他們上岸，坐著吃水果，其中一個女生朝我走了過來，光著身子問：「嘿，請問你還有多的水嗎？我可以喝一些嗎？」

「嗯……我嗎？可以，請用，請用。」她就這樣赤裸裸地和我說話，哎呀，我突然害羞了起來，不知眼睛要往哪看。

「你一個人嗎？從哪裡來的呢？」

在自我介紹後，我也禮貌性問他們爲什麼可以毫不在意地把全身衣服脫掉，她跟我聊起他們：「我叫塔莉，我們幾個朋友一起工作存了一些錢，買了一台二手小車，打算環澳洲一圈，遠離文明隨興地住在荒野，直到錢花光後繼續試著這樣生活，脫離社會體制與金錢價值。你知道嗎，Free Love，自由。尋找沒有思想束縛的自由、無邊際的自由。」

她相當清秀，棕色的頭髮，白色的皮膚，藍色的瞳孔非常美麗，是我喜歡的類型。我們投契地聊起天來，感到相當自在舒服，接著她起身走入河裡，並邀請我加入他們，於是我也脫下褲子，剩下四角褲跳入水中，嘩！湖水相當涼爽，讓人忘了正置身於炎熱的沙漠。「嘿！在大自然中放開自己吧，別在意你的衣服，盡情享受無拘束的此刻啊，」一旁的男性友人對我說。

我第一次赤裸裸地站在大自然中，至於身體，就不用入鏡了，哈哈。

起初我感到掙扎，但也想試著擺脫拘束感，最後我在湖裡把四角褲脫掉後丟上沙灘，這還是我頭一次赤裸裸地待在戶外，而且還是在不認識的外人面前。還好他們的態度依舊很自然，讓我腦中並未湧現雜念，也沒有起任何生理反應，不然不僅是一種不尊重，同時還糗到爆啊！我們一起在湖裡游泳聊天，用繩子綁在樹枝上擺盪跳水，享受一個美好的午後。

他們用開放的思考模式與態度來面對這世界，沒有好與不好、對或不對，嬉皮的生活，都是探索和發掘自己，不在意旁人的眼光，追求自己存在的價值，這是他們看待生活的意義，也是一種向大自然學習的生活態度。

「如果你有時間，我們車上還

有一個空位，歡迎你完賽後加入我們。」塔莉說著。儘管很難拒絕這種無拘無束的自在生活，但我還是先婉拒了，畢竟我此趟的目的是完成賽事。天色逐漸變黑，她遞給我一張寫有電話的紙條，擁抱我並說再見。

「嗝！」還以爲打雷，原來是隔壁土耳其選手的打呼聲，讓我翻來覆去無法入睡。我決定到外頭找一張木桌子爬上去睡覺，關上頭燈後一片漆黑，星星在眼前閃耀著，我突然想起兩個月前在育空的賽事，回想那痛苦歷歷在目，緊張感從心裡竄出，以及一股強烈的不安全感，我害怕再回到那折磨當中。兩個月後馬上接著這場賽事，對我來說是不是太快了？我不禁開始懷疑。

天空突然出現一絲亮光，接著一顆、兩顆、三顆，哇！是流星！這份喜悅把我從不安中抽離，我沉靜下來凝視星空，終於安詳入睡。

「啊嗚～～」半夜一點三十八分，一陣狼嚎聲把我驚醒，接著又持續了幾聲長嚎。淒厲的聲音傳至湖邊，我緊張的打開頭燈往左看，沒有什麼動靜，又趕緊躲回帳篷休息。還沒比賽就如此刺激，那到了內陸又會發生什麼事呢？

03 甩開對手，擺脫威脅

被早晨的寒冷喚醒，外頭的工作人員正忙著幫所有選手準備早餐。澳洲是地球上最乾燥的地區之一，除了袋鼠與無尾熊之外，還有誇張的蒼蠅大軍；「嗡嗡嗡嗡嗡」早上七點一爬出帳篷，牠們早已勤勞地守在一旁，等到選手拉開帳篷拉鍊後，牠們更是奮力撲上來，臉、背、腿黏了一大群，想甩也甩不掉，非常擾人！

聽到大家正在討論昨晚的狼嚎聲，才知道不是狼，而是澳洲特有種：澳洲野犬Dingo，是全世界最古老的犬種。牠們與灰狼的基因相近，棲息在熱帶森林、草原、沙漠等自然環境，適應能力非常強，重達十二至二十二公斤，體長約九十至一百三十公分，體毛呈沙質色、棕色，動作敏捷，經常團隊合作捕獵羊群、袋鼠，屬食肉動物。

觀察對手

早上八點，出發了！我對自己打氣，終於來到世界七大洲八大站最後一場賽事，五二〇公里九天分站賽事，背負所有的食物、睡袋等裝備，每天限時十小時內完成，最後一天限時十八小時，否則會被迫棄權。

「跑錯了！跑錯了！左邊，往左邊啊！」大會人員喊著。

才剛起跑不到三十公尺，全部的選手都往右轉跑錯路，一個急停後，大家面面相覷撞成一團，這應該是史上難得出現的滑稽場面，主辦人 Jerome 搖頭苦笑，要選手們趕緊再上路出發。

一個猛然左轉的陡坡之後，進入了岩石密布的陡峭小徑。西班牙選手 Vicente 與阿根廷選手 Christian 率先衝出，我與土耳其、德國、法國選手緊追在後。

很快地麻煩來了，小徑地勢非常複雜，不時要攀爬，一路攀登又接連急遽轉彎後，山徑收成又窄又陡的山壁，很難找方向。跑到山頂時，四處遍布尖銳的岩石塊，踩上去還會晃動，起跑沒多久就感到路線十分困難。

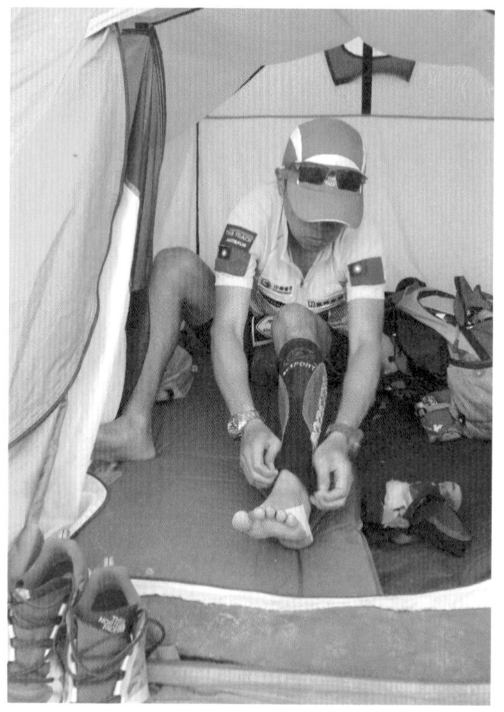

七大洲八大站最終站，整裝出發！

山頂的尖銳岩石塊很不好跑，好幾次被一旁的沙灘草劃破小腿。

我第一天保留實力，緊追領先選手。

「啊！」小腿一陣刺痛，低頭一看，好幾根葉緣鋒利的沙灘草劃過小腿，葉片上的刺像仙人掌一樣，在皮膚上留下紅腫刺痛的傷口，以及一道道血痕。

我試著盡快進入比賽的節奏，抓到穩定的速度往前追趕。越接近中午，這塊荒野開始顯現它的威力，散發出令人窒息的熱氣，我加快步伐，想到終點有水可喝，渾身就爆發出一股衝勁。

我這天以第三名抵達終點，前三名差距只在二十分鐘內。不過比賽剛開始大家還在互相觀察，等到第三天才會逐漸看出彼此的實力。

這場賽事最特別的地方，就是必須自己生火煮飯。選手們抵達終點時已經相當疲累，休息伸展完後還要忙著四處折樹枝撿枯葉，我搬了些小石頭圍成一個小圈作

抵達終點的選手們自己動手生火煮飯。

從山頂俯瞰這片荒漠，讓我心中感到一片平靜。

爲台座將鍋子放在上頭，並在左右兩側留下通風口。澳洲空氣乾燥有利於生火，不過，大熱天生火也讓環境更加酷熱。

賽道後段需不斷跨越許多岩石，與鬆軟的紅土沙漠不易行進，讓選手們花了不少力氣才通過。

群蠅亂舞

第二天爬上陡峭的山頂後，一眼就能俯瞰大地，我呆愣了幾秒凝視著眼前這片澳洲沙漠。我還在適應這個地方，遼闊、美麗、荒僻得嚇人，卻令人心曠神怡，沒有成群的選手與文明生活，只有我一人，以及群山、荒野……在這裡，生命顯得單純、眞實，令人將世俗雜務拋在腦後。

連續前進了數小時，只有呼吸聲與腳步聲迴盪身旁，只有沙漠中動物偶然發出的聲響打破這份單調。跑下峽谷沒多久，「刷刷！」樹叢間傳出聲音，我急忙停煞左右張望，仔細一看，右前方竟然跳出八隻野生袋鼠，不時回頭看我。袋鼠的攻擊力相當強，我小心翼翼地避開。不過眞的太幸運了，能有機會親眼看到這些野生動物。

蒼蠅大軍一早就向所有選手獻上最熱情的歡迎。

今天氣溫高達四十五度，悶熱的天氣令人難受，加上賽道後段全是鬆軟的紅土沙漠，許多選手花了相當長的時間才抵達營區。德國選手到達時臉色有異，沒多久就跪地嘔吐。

賽事才進行到第二天就相當折磨人，數百隻蒼蠅包圍全身，更令人脾氣暴躁。阿根廷選手的背上黏成一團的黑漆漆，我好奇地把手伸過去，頓時「嗡嗡嗡嗡嗡嗡嗡嗡嗡嗡嗡！」一大群蒼蠅嘩然飛起，全部衝向到我的手掌上，我嚇得高聲尖叫，大家見狀笑成一團。

第二天的營點很棒，是一道乾枯的河床。午後氣溫略微降低，我拿起睡墊走離營地直到聽不見聲音，接著躺下來伸展疲乏的肌肉。我看著天空，平緩的呼吸宜人的氣溫與涼風吹在身上，實在無法以言語形容身處於遼闊荒野中的自由與喜悅，我舒服的進入夢鄉。

野犬的威脅

「啊嗚～～」天色已經暗了，我被野獸的嚎叫聲驚醒，聲音來自我前方遙遠的樹林峽谷。我想起了澳洲野犬攻擊人的事件：一九八〇年，一對夫婦帶著三個孩子到烏魯魯國家公園露營，當晚她將帳篷內兩個月大的女兒阿薩莉亞哄睡後，就和先生與兒子去烤肉區烹煮食物。不久，從帳篷傳來了女兒的哭聲，哭聲很快就消失，太太趕緊前去帳篷查看，看到動物的影子出現在帳篷的入口，她衝進帳篷，卻發現女兒失蹤了。她害怕又焦急地衝出帳篷外四處尋找，並在附近發現野犬的腳印，以及物體在地上被拖曳的痕跡，於是她放聲哭喊：「野犬咬走了我的寶寶！」當年警方派出了大批警力與熟悉當地地形的騎兵全面搜索，但卻連嬰兒的屍體也沒找到。四天後，有居民在距離營區四公里外的野犬洞穴內，發現阿薩莉亞

黑夜中從四面傳來的澳洲野犬長嚎聲，讓所有選手心驚膽跳了一整晚。

生前穿的連身小衣，衣服上滿是血跡，這個眞實事件後來拍成好萊塢電影《暗夜哭聲》。

想起這段眞實故事，我感到有點緊張，由於我距離營地帳篷還有一小段路程，擔心落單成爲攻擊的目標，於是趕緊打開頭燈走回營地準備晚餐。

「啊嗚～～～」前方再度傳來成群的長嚎聲，眾人坐在火堆旁用餐到一半，頓時都停止手邊動作，紛紛抬頭瞪大眼以頭燈對望。工作人員隨即走過來說：「那是澳洲野犬Dingo，是狼的亞種，都是成群行動，可能是聞到了食物的味道，不用擔心，牠們很少攻擊人類，但我們也無法保證，畢竟牠們還是野生動物。我們整晚會在營地四周留守，確保大家的安全。食物記得要封好，半夜起來上廁所時有兩個人一起互相照應比較安全。」

主辦單位說得輕鬆，在這月黑風高的夜晚，荒野不時傳來長嚎聲，怎麼叫人不害怕？接著工作人員把空汽油桶放在營地中央，用木頭不斷敲打製造「咚、咚、咚」聲響，讓飢餓的野犬們知道這裡有在防備，示意牠們不要靠近。

吃完晚餐看著星空稍作休息，我八點就回到帳篷就寢了。這晚天氣宜人，雖然野犬的長嚎聲令人緊張，不過連續聽兩個多小時也習慣了。但正當我快要睡著時，「啊嗚～～～」除了前方，營地右側也加入了一組長嚎聲，彷彿在和前方的長嚎聲呼應一樣，一次接一次，又像是在對話。我起身拉開帳篷拉鍊，露出頭燈照射外面，只見外頭的營火已經滅了，什麼也看不見。

「Tommy，你害怕嗎？」右邊帳篷裡傳來西班牙選手 Vicente 的聲音。

「怕呀！怎麼會不怕！你睡得著嗎？」

「可以啊，我太累了，如果他們有靠近記得叫醒我喔。」

「什麼？你竟然可以放心地睡著！」

Vicente 是長年征戰的職業超馬選手，更是二〇一二年的四大極地總冠軍，對於這些狀況早已見怪不怪。我掙扎了一陣子，就算整晚膽戰心驚，也敵不過睡意，況且後面還有七天四百五〇公里賽程要跑，還是趕緊休息吧。

「啊嗚～～～」才睡著沒多久，我又再度驚醒，長嚎聲感覺有點靠近了，不像剛剛那麼遠，更糟糕的是，帳篷後方也出現了新的長嚎聲，這下子前方、右側、後方的野犬群已經把我們團團包圍；從四面八方傳來的長嚎聲彷彿在計畫著要把我們統統吃掉，而且每隔一段時間聽到長嚎聲時，感覺牠們已經慢慢地逼近我們，甚至距離我們後方只有五十公尺了！

「刷、刷……」帳篷後方草叢傳出聲響，接著出現打鬥聲，野犬似乎已在建立位階，這也代表了獵食後的優先順序。我心跳不斷加速，在帳篷裡半睡半醒，並從裝備包拿出瑞士刀，就怕那些餓得發狂的野犬會成群衝進來把我們吃了……

「吼……」沒多久後方傳來低吼聲，離我不到三公尺了！野犬群像是已擺出陣勢準備攻擊，但不確定要攻擊哪裡，但就算我是葉問，也不可能一個打十隻啊！

「吼啊啊啊！」最左方帳篷的德國選手先發出怒吼想趕跑牠們，但野犬反而更兇猛地吠回去。出於恐懼的反擊本能，我打開頭燈，也胡亂大吼了幾聲試圖嚇跑牠們，但這下可糟糕了，不只完全沒效，反而讓外頭傳來了更多更大的低吼聲，可能是我一緊張聲音發不出來，變成了捏細的吉娃娃般的高音，把牠們惹毛了。

正當腳步聲更加靠近帳篷時，「咚、咚、咚！」工作人員再度敲打汽油罐，並發動車子，打開車燈在營地周遭繞圈，同時帶了些食物放置在很遠的距離外，這才讓虎視眈眈的野犬群離開。還好主辦單位派人在外面守著，不然我們可能就變成野犬的晚餐了。

這段驚險過程令人捏了把冷汗，也差點嚇得屁滾尿流了！我不僅曾經歷北極熊攻擊帳篷的恐怖經驗，又多了澳洲野犬的圍攻，難不成我看起來這麼可口……

我喜愛荒野、極境，喜愛在一片寂靜中感受心裡的聲音。

我暗暗期待這次能拿下第一，忍著痠痛加緊腳步前進。

04 我跑故我在

早上起床後，幾乎所有選手都一副睡眼惺忪的模樣，因為昨晚大家都緊張到睡不好。阿根廷選手說：「我睡得很沉啊，我知道有狀況你一定會叫醒我們的，因為你是好人，哈哈哈。」什麼？連男人都發我好人卡！

賽程到第四天最後已經累積了一七八公里，還有五天三四二公里才能抵達終點。我的狀況越來越好，相當穩定，總時間已追過阿根廷選手躍升到第二名，距離冠軍西班牙選手差距不大。我的求勝心、信心越來越堅定，往後幾天很有機會追到第一！但內心還是隱隱感到不安，因為全身每一寸肌肉都開始痠痛，而隨著多日賽天數增加，身體負荷也會越來越大，肌肉只會一天比一天更難受，加上體重會不斷下降、體力下滑，接下來沒有一天會是輕鬆的。所以我必須非常謹慎小心，一旦發生任何狀況都有可能被追過去。

這天午後，濃密的雲層從北邊湧來，接下來一定會下雨，我們趁機好好享受了這段涼爽。這是難得一見的景象，雲層把炙熱的太陽遮住，地上的沙很暖，並不燙腳，令人振奮。太陽很大，卻不酷熱，不時從峽谷吹來的涼風，彷彿能把疲勞帶走。我帶著充氣睡墊遠離營地，找了一個舒適的位置，伸展僵硬的筋骨，並舒服地小睡了兩個鐘頭，直到雨滴在額頭上把我叫醒。

突然間颳起罕見的強風，幾乎快把帳篷吹走，和先前乾燥炙熱的沙漠截然不同。我趕緊躲進帳篷裡，拉上拉鍊，暫時隔絕外頭的強風大雨，警戒心也逐漸降低。身處尼龍布製的狹小空間，我無從感受身在何方。我喜愛荒野、極境，喜愛待在寂靜的帳篷裡，喜馬拉雅山、北極點、南極洲、非洲沙漠、西班牙、加拿大育空極地，都是。蕭瑟迴盪的風聲、淅瀝滴答的雨聲、風拍打帳篷的聲響……我躺在帳篷裡，隔著充氣墊感受地面的沙土、岩石、硬塊，以及襪子與汗水飄出的酸腐味，這在世界各地的極境與荒野並無太大差別，溫暖的睡袋都令人心安。

低能量競跑

「嘩啦、嘩啦、嘩啦……」我被一早的風雨聲吵醒，溫度計顯示七度，外頭依然下著風雨，而且雨勢非常大。我依戀睡袋裡的溫暖與安心感，但也只能不情願地鑽出睡袋，因為我必須生火煮熱水，距離八點出發只剩一小時了，我必須趕快準備早餐。八百卡的太空包早餐非常重要，因爲每天賽程都至少要花上五個小時才能完成，會消耗超過兩千卡，如果不補充足夠的能量，將會沒有體力完成一天的比賽。

但雨勢眞的太大，生了十幾分鐘的火都只冒出白煙後又被澆熄，樹葉與樹枝變得潮濕，遲遲無法順利生火，而我已飢腸轆轆。我淋著雨靈機一動，以發抖的手用衛生紙包起樹葉與樹枝，然後拚命用打火石猛烈地刷，喝喔喔喔！終於出現了一點火苗，我趕緊低頭

雨勢太大，選手們無可奈何地躲在大會臨時搭建的遮雨棚。

吹氣助燃，正感覺要竄起火焰時，突然間一陣風雨吹襲，火苗又熄滅了，我攤著手開始生悶氣。其他選手沒有人出來生火，都在帳篷裡看我，我想火如果生起來，他們一定一窩蜂衝過來借火，每次都這樣。

淋了一身濕，我放棄生火回到帳篷躲雨，覺得又餓又冷，陰天颳風又大雨，我慵懶地以爲大會可能會延賽吧，於是就再躺下來休息，連裝備也沒收。

沒想到主辦人Jerome這時通知所有選手，一樣八點出發，蝦密！眞的假的！我還沒吃早餐、也還沒上廁所，急急忙忙咬著衛生紙衝到外頭樹下胡亂解決，接著迅速整理裝備到起跑線集合。眞是該死，這糟糕的天氣讓我的心鬆懈了。

只見雨勢越來越大，像是用倒的一

樣，主辦單位在起跑線上並排了兩台吉普車，中間搭上尼龍布供選手們躲雨。氣溫突然變得相當寒冷，我隨意吃了半條五穀堅果棒、喝幾口水當早餐，我知道熱量絕對不夠應付這天六一公里的路程，今天的賽事想必很艱辛。

原本還帶著慵懶，但奇妙的是，一起跑離開遮雨棚，腳步一往前跑，速度加快，雨直接滴在臉上與身上時，我馬上進入了比賽的專注狀態，還意外地保持領先！可能大家的體力也開始下滑了，不如選在今天乘勝追擊吧！

下雨讓許多路段變得泥濘，溪流的石頭也出現打滑，我沒有顧慮太多，只想維持速度領先到終點。到了第一個CP1，一二．五公里處，西班牙選手Vicente追了上來，我們並排前行，互相加速不斷較量。接下來的路線不只泥濘不堪，積水甚至像池塘，光是目測就知道相當深，於是我與Vicente鑽入左側草叢，試圖找路繞過去。

「嘩！」一腳踩入水中，喔，老天，這真是個壞主意。草叢和我一樣高，銳利到不時會將小腿劃得皮開肉綻，出現一條條血痕。我必須不斷撥開草叢找路，同時抬頭確認前進的方向是否正確。有些路段水深及大腿，寸步難行，僅能用小跑、快走不斷交替，我不禁擔心這天的路線是否都如此糟糕。

我在杳無人跡的荒野一步步前進，單純享受著世界的美好。

境由心轉

雨勢很大，眼睛已經快無法睜開。一個閃神，我沒踏穩瞬間失去平衡，摔倒撲向積水的泥濘裡，全身上下沾滿泥巴，但起身再跑沒多久就被大雨沖刷掉。

我停下來喘口氣，望向前方的路線，只見烏雲罩頂，大雨淋漓，雨滴被強風颳得在空中漫舞。此刻，我突然從奔跑的狀態回過神，出現了另一種心境：我正置身於一片荒野，這片土地，這場雨，忘我地奔跑在一望無際、杳無人跡的沙漠；經過草原、高山、沙漠、雪地，我移動著雙腳，踏著、踩著，一步一步地前進；汗水從臉頰滴落在皮膚上，那鹹鹹的味道，以及在沙漠脫水時嘗過水的味道……我貪婪地大口呼吸著原野的純淨空氣，周遭的動植物彷彿也伴隨著我前進。前方的夕陽，攀爬的高山、地上炙熱的沙、寒冷極白的雪，它們已經存在在這裡好幾百萬年了吧？陣陣打在身上的風雨，帶著我走，震開我的雙臂，喜悅地大步奔跑向前。

忘掉一切，純粹感受存在於世上的美好。

忘我地向前，享受在大地間奔跑的暢快，五公里、十公里、二十公里、四十公里、一百公里、三百公里、五百公里、七百公里……無止盡地跑著，這是一股超然於心的感受。

這份平靜而感動的喜悅，彷彿像在讀詩，不同的是我用跑步來讀詩，忘了時間、忘了自己、忘了呼吸，純粹感受身旁的一切。我思故我在，那麼，我跑故我在就是這樣的意境吧。

淋得全濕的我全身發冷，趕緊在火堆旁取暖避免失溫。

連續九天的激烈競爭，每一天都很 tough。左至右：阿根廷選手 Christian、陳彥博、西班牙選手 Vicente。

沒多久，全身上下的衣服、裝備與背包都已經濕透，鞋子與襪子也進水了，不斷摩擦而生的水泡，每跨一步都感到更加疼痛。到三〇公里時，我已經餓得血糖降低、頭暈目眩，身體也漸漸發冷。西班牙選手逐漸將我拉開，撐到四五公里處時我幾乎快跑不下去，跑到稍微能避風雨的樹下，包著急救毯休息並吃一條營養棒補充熱量，接著繼續上路。

我小口小口的每五公里吃一次，直到終點前四公里，眼前突然一片漆黑，頭暈到站不穩。我撐著膝蓋蹲在路旁，大口灌水，用冰冷的手拍打自己的臉來保持清醒，如果現在停下來休息一定會失溫昏倒，與其這樣，不如全力衝刺提高體溫，用盡力氣抵達終點後再休息。

不知道過了多久……好冷、好餓、好漫長，前方終於出現營地，原本失落的心情一掃而空。西班牙選手領先我半小時抵達，我發抖的雙手交握，有點激動，終於再度完成一天的賽事。

05 從心而跑 Run for heart

五二〇公里澳洲內陸的多變地形、染血的右腳、日夜的急遽溫差、上萬隻蒼蠅大軍襲擊、澳洲野犬Dingo的威脅、陪伴我奔跑的袋鼠……有太多太多的故事了。

前八天，每一天都是五〇至六〇公里的激烈競爭，所有選手都已耗盡體力，但由於前三名的時間相當接近，還是必須全力挑戰，只要出一點差錯或未調整好身體節奏，就有可能會出狀況，沒辦法再跑下去。

四〇〇公里已經讓我的身體承受了極大的負擔，沒想到第九天，更是無法想像的痛苦又漫長的路程，一二三公里。

起跑後沒多久，我還是和第一名的西班牙選手Vicente並肩前進，阿根廷選手緊追在後，狀況看起來，我有十足把握能夠領先。

只見右前方出現了一座高聳的岩山，那是終點嗎？烏魯魯？GPS 手錶顯示里程僅剩三五公里，不可能啊，還是我眼花了？到檢查站一問工作人員，才知道我們搞錯

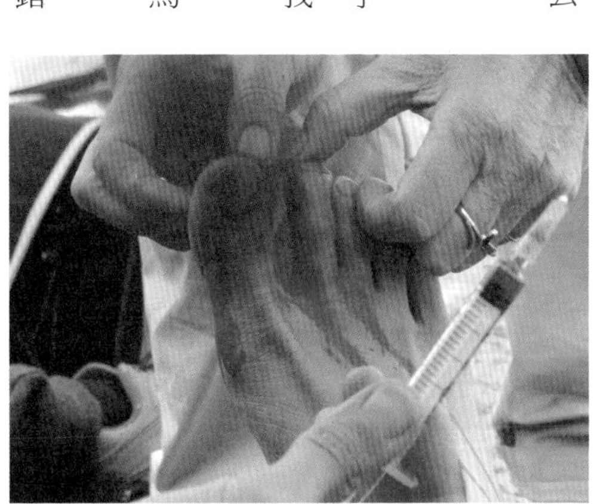

我的腳趾受濕透的鞋襪摩擦流血不止，大會醫生緊急幫我做止血處理。

地點，原來那是康納山（Mt Conner），位於烏魯魯東南方八十八公里處，面積約四倍大，害我們以爲抵達終點了。不過它也預告了終點已距離我們不遠，眾人心情顯得十分愉悅，即使還剩下八十八公里。

抵達六〇公里處CP4檢查站時，我終於苦苦追上第一名的西班牙選手，他看來已經相當疲憊，和前幾天的強悍模樣相當不同。已經是晚上七點，日落後一片漆黑，我們戴著頭燈，繼續趕著最後六三公里的路程。兩條腿的關節與肌肉已腫脹到每跑一步都覺刺痛，但只能咬著牙繼續前進。

越往內陸移動，夜晚越是寒凍。晚上八點多，氣溫驟降，變得相當寒冷，不管怎麼靠跑步產熱，還是感到陣陣寒意，最後連體溫也開始降低。我們停下來穿上外套，繼續朝下一個檢查站邁進，但氣溫實在降得太快，吐氣都起了霧，我心想今晚應非同小可，隨著身體繼續

路上發現的動物骸骨與廢棄車輛，令人毛骨悚然。

發冷，手指也開始麻痺難以動作。一直到晚上十一點多，氣溫降至零下二度。

互相扶持

這是個漫長的夜晚，只剩月亮的餘光爲我們照明，我們關掉頭燈，在星空下繼續前進。連續九天跑在一起，這晚我們在競賽中罕見的開口互相鼓勵，就這樣一起跑了十個多小時。我感到這場賽事並不孤單，儘管沒有多說什麼，但此刻光是Vicente跑在我身旁，就使我產生一種深刻的友誼和滿滿的感激。

從紅土沙漠轉向筆直的柏油路，我們突然聞到一股腐臭味，打開頭燈一照，發現一頭被撞死的牛，以及一旁零件散落一地的車輛，瀰漫著一股恐怖氣息。在內陸沒有人跡的荒野，駕駛的速度通常很快，時速幾乎都在一百公里以上；加上夜裡沒有路燈一片漆黑，須慎防撞上大型動物，例如牛隻或袋鼠，往往車燈照到時已來不及煞車，導致事故頻頻。

又跑了一陣，我們耐不住寒冷開始發抖，由於清晨兩點到六點將會是最冷的時候，我們互相扶持跑向距離不到二公里的九〇公里檢查站，決定生火休息三小時，等身體回溫後再繼續跑向終點。

連續跑了十二個鐘頭，沒吃多少東西，距離檢查站不到一公里時，我看見西班牙選手臉色開始發白，速度頓時慢了下來。抵達檢查站後，他喝水休息到一半，突然間失去意識，整個人癱軟倒地，我馬上衝過去大叫「Vicente! Vicente!」我打開頭燈一照，只見他已經面無血色，失去意識，身體發冷，眼前的這一刻令我感到害怕。「醫生！醫生！」檢查站的工作人員與醫生趕緊衝過來急救，醫生和我馬上拿出急救毯和睡袋包覆住Vicente，並趕緊在旁邊搭帳篷生火給予治療與急救。Vicente的妻子帶著小孩衝下車，焦急地呼喊他的名字，但他依舊沒有恢復意識。工作人員以無線電呼叫主要基地站，我們一群人都很害怕他發生任何意外。我幫忙折更多樹枝丟到火堆中增強火勢，並把更多的衣物包在他身上，但他的手一樣冰冷。

二十分鐘後，我坐在外面火堆旁取暖，帳篷內的西班牙選手發出了微弱的聲音，他終於恢復意識能夠說話了！聽到他的太太小聲地哽咽著，我在外頭也不禁紅了眼眶。半小時後，其他醫生駕著吉普車趕過來查看，西班牙選手已漸漸好轉，這時主辦人走過來對我說：「Tommy，西班牙選手已經好轉不用擔心了，但我們會強制他休息一段時間，看他的情況再決定是否繼續比賽。我們會照顧他，不用擔心，你可以先繼續跑到終點，你們時間沒有差多少，我相信你也想拿第一，你的意見呢？」

坐在火堆旁的我，突然愣住不知道該如何回答……

「不用現在急著回答我，我讓你想一下，我先看看他的狀況，等等再告訴我你的答案。」

THE TRACK
WILD WOLF
THE TRACK
HEART

THE TRACK
THE TRACK
RUN FO

我轉頭看看左方帳篷內的西班牙選手，再望向右側漆黑筆直的道路，再前進三十三公里就到終點了，遙遠的一方已經架好終點線，只要繼續前進，跑下去，我就會贏，就是第一了……分站的總冠軍啊！我的腦中慢慢有了畫面，得勝的欲望越來越強烈，這時理性與感性開始交戰，我想贏，卻又捨不得西班牙選手，我猶豫著……

我低頭看著火堆，心想如果離開獨自跑下去，拿下第一名，贏過曾是四大極地冠軍的他，確實很光榮，但那是什麼樣的心態？繼續前進的自己，會是什麼樣子？在追求的是什麼呢？而這個第一又代表了什麼？也許名次與名利確實重要，但這段過程的心態，我想才是超級馬拉松跑者最重要的核心意義：你爲什麼而跑？Why do you run? 我曾握住西班牙選手的手，感受彼此的心跳。我想，不爲別的，Run for Heart。

過幾分鐘後主辦人Jerome再度走過來問我：「Tommy，你想好了嗎？Vicente 要休息觀察一段時間。」我下定決心：「你知道嗎……我確實想贏，但我想，我會留在他身邊等待他好轉起來，再一起跑下去，我們已經一起跑那麼多天了，現在誰是第一，誰是第二，誰先到終點，也許已經不再那麼重要。發生現在的狀況，我想每位選手都是一樣的心情，我們只想一起完成這場比賽，我會留下來陪他，和他一起到終點。」其他選手陸續抵達後，大家決定等到早上氣溫回暖再一起出發。

我從小就是個歷史迷，嚮往古老年代的浪漫式冒險——哥倫布、麥哲倫、阿蒙森、斯考特、亞歷山大大帝、麥哲倫、阿姆斯壯、玄奘……這種對冒險的渴望，時時牽動我的心，催促我勇往直前，探索世界。我從小就懷抱著決心與抱負，無論做什麼事，都必須將標準設得很高，讓自己努力爭取，充滿期待且吃盡苦頭。然而每一次的受挫都只會使我更堅決，我總是告訴自己，人在一生中至少要實現一個大夢。

陽光再次露臉，到了早上Vicente已經恢復許多，大家陸續出發迎向這最後的路程。從選擇當極地超級馬拉松運動員這條路開始，每年累積約一萬兩千公里的訓練量，五年總共累積近六萬公里，如今，這場賽事、這夢想，GPS手錶顯示著，距離終點，只剩下三十公里了……

後記

遙遠的一端出現了一堵巨大的岩石，太陽如火燒，炙熱的空氣讓人快無法呼吸，彷彿在奮力阻擋我接近終點，膝蓋、腳踝早已嚴重發炎，每踩出一步都造成劇烈的刺痛。我咬著牙心想，就因爲這樣，終點烏魯魯才顯得令人期待。

旭日升起與夕陽西下，隨著光線角度的不同，眼前的景致不斷變換顏色，展現了戲劇性的自然風光。我脫離群體，獨自一人跑著，享受這最後一段的旅程。我回想起喜馬拉雅山、北極點、南極洲、非洲、巴西、西班牙、加拿大，到現在澳洲一切發生的事。許多幫助過我的朋友、至今和我一起奮戰的各國選手……他們彷彿一個個出現在前方，微笑著鼓勵我前進。

與爸媽的激烈爭執、北極點和南極洲的暴風雪、一片漆黑的非洲夜晚、因咽喉癌全身麻醉躺在病床上、開刀後在希臘大量出血、找不到贊助想放棄時、迷失在巴西叢林中、加拿大失溫瀕臨凍死的夜晚……

回顧這九天，感覺像度過了一整年，回看這五年，感覺卻像是眨眼間。

五年的回憶如潮水般湧現，清晰鮮活地令人吃驚，每一次挫折、每一滴眼淚、每一片染血的指甲、每一刻的歡笑……腦中浮現的所有畫面快速交疊，這一路好累……眞的好累……一度想放棄……但，這段混雜了汗水與淚水的過程，也讓我的生命變得精采。我不後悔，我熬過來了，熬過來了，快到了，終點了……

我邊跑邊笑大聲哭著，知道這一切都將結束，我讓眼淚直流，讓思緒和自己一同奔馳。五年前計畫這趟冒險，是多麼正確的決定啊。

人生是一連串的課程，必須活過才明白。快樂，憂傷啊，所有事物與人類的萬種情緒我都想盡情感受，即使總有一天所有的悲歡離合，都將在我吐出最後一口氣後離我遠去，我仍願不斷尋覓，追求生命中每一刻的記憶。

從柏油路左轉進入最後的塵土沙漠，我看見了終點線，那是眞的嗎？我揉揉雙眼，像作夢一樣……五年了……五年的時間……五年了啊！眞的完成這個長遠的夢想了！

五年的世界七大洲、八大站極地超級馬拉松賽，喜馬拉雅山、北極點、南極洲、非洲、巴西、西班牙、加拿大，還有澳洲！我在最終站以第二名成績在南半球圓夢了！

原以爲自己會瘋狂大叫、哭泣，沒想到心裡卻意外的平靜。我微笑著，臉上掛著乾掉的淚痕，帶著懷念與感恩，一步步、一步步跑向最後的終點線……跨越……我辦到了，眞的辦到了。

手裡拿的國旗，五年來隨我征戰世界各極地已逐漸褪色，此刻我微笑著仰頭望向天空，用力嘶吼著大力鼓掌！

THE TRACK
THE TRACK
THE TRACK
3
THE TRACK

千江有水千江月，萬里無雲萬里天。看盡世界各種美景，天空的各種色彩，潔淨的藍、寂靜的白，時而轉黃、轉紅，在天空產生無限變化，終將在黑夜落幕。當我們懷抱著夢想、希望活著，實現那長年累月醞釀的想法與理念，當長久守護的夢想發光發亮時，才能感受那眞實脈動的心跳。

如果直到人生最後一刻都能握有這樣的夢想，拚到最後一刻，即使無法實現，至少不會讓自己後悔。第一名、第二名、最後一名，名次已經不再重要。這五年的極地故事將烙印在我心上一輩子，久久不去。

極地超級馬拉松已經支配了我的靈魂，也在茫茫人生中帶給我許多目標，我無法想像少了它，生命會變得多麼空虛。也許我們一生都在追求事業、成就的高峰，但當經歷了一切，才發現到最後，我們都在追求內心前往未有的平靜。

感謝一路上支持與陪伴彥博的長輩、朋友，以及正在讀這本書的你。因爲大家，才讓這夢想圓滿完夢。

大自然使人謙遜，我們什麼都帶不走，和我一同離開的，是生命的淬鍊與精采，謙卑的自信與感恩的心。

生命，不過是一口氣；而名利，比氣還輕。

最後，我轉身回頭，看著一望無盡的沙漠，深深的彎腰鞠躬，眼淚掉了下來，我深深感謝這所有的一切。

世界，或許和我們想像的不同；生活，確實不容易。
但不變的是，人們總是渴望著，追逐希望。
在恐懼的同時，別忘了擁抱勇氣。
你不能選擇生在什麼樣的家庭，處於什麼樣的環境，
但，你的選擇，你的想法，
可以決定未來，你想成爲怎樣的人。

極限，由自己定義。
夢想，從心去追尋。

寫完這本書之後，

我就啟程參加2015年美國大峽谷G2G超馬賽，

並榮獲總冠軍。

回到台灣之際，

正在進行完稿校對，

並重新閱讀印刷紙頁上親自寫下的點點滴滴。

或許，很多讀者會好奇，

這本記錄世界七大洲八大站的最後三站的書中，

為何澳洲超馬賽的篇幅不多？

的確，每一場賽事對我來說，都是驚心動魄的冒險，

更何況澳洲520km更是這當中距離第二長的賽事，

也是相當艱難的比賽！

但是，

相較於加拿大700km超馬賽，那刻骨銘心的強烈程度和撞擊力

已經遠遠超越了其他所有比賽，

因此，我將比賽的每分每秒鉅細靡遺描述出來，

只因為，它已經在我生命中留下無法忘懷的記憶…

回想起加拿大的極地，

令我持續留念牽絆的，就是荒野吧，

與世隔絕，

那純淨的大地，至今依然無法忘記…

2015.11.14.

Eurasian Publishing Group
圓神出版事業機構
用心與你對話．視野無限寬廣
圓神出版社
Eurasian Press
http://www.booklife.com.tw reader@mail.eurasian.com.tw
勵志書系 131

越跑越懂得：亞洲第一極地超馬選手陳彥博想告訴你的事

作　　者／陳彥博
發 行 人／簡志忠
出 版 者／圓神出版社有限公司
地　　址／台北市南京東路四段50號6樓之1
電　　話／（02）2579-6600．2579-8800．2570-3939
傳　　真／（02）2579-0338．2577-3220．2570-3636
總 編 輯／陳秋月
主　　編／吳靜怡
專案企畫／賴真真
責任編輯／周奕君
校　　對／周奕君．韓宛庭．韋孟岑
美術編輯／黃一涵
內頁插畫／ Kurihashi Mimi
行銷企畫／吳幸芳．詹怡慧
印務統籌／劉鳳剛．高榮祥
監　　印／高榮祥
排　　版／杜易蓉
經 銷 商／叩應股份有限公司
劃撥帳號／ 18707239
法律顧問／圓神出版事業機構法律顧問　蕭雄淋律師
印　　刷／祥峰印刷廠
2015年12月　初版
2022年12月　14刷

定價 370 元　　ISBN 978-986-133-556-8

面對一個無法掌控的環境，容易產生抗拒，因爲看不到成功的可能，同時害怕失敗。但時間，會讓你越來越堅強，降低軟弱與不安，你會適應這一切，然後繼續奮鬥下去。

——《越跑越懂得》

國家圖書館出版品預行編目資料

越跑越懂得：亞洲第一極地超馬選手陳彥博想告訴你的事 / 陳彥博 作. -- 初版. -- 臺北市：圓神，2015.12
288 面；17×23公分 --（勵志書系；131）
ISBN 978-986-133-556-8（平裝）

1. 馬拉松賽跑　2. 自我實現

528.9468　　104018544